Friedrich Friedrich

Der Moorjunker - Erzählung

Friedrich Friedrich

Der Moorjunker - Erzählung

ISBN/EAN: 9783743628465

Hergestellt in Europa, USA, Kanada, Australien, Japan

Cover: Foto ©ninafisch / pixelio.de

Weitere Bücher finden Sie auf **www.hansebooks.com**

Der Moorjunker.

Erzählung

von

Friedrich Friedrich.

Leipzig.
Verlag von Paul Kormann.
1870.

Von der westlichen Küste Frankreichs aus über Holland, Norddeutschland und Rußland bis tief nach Sibirien hinein erstrecken sich unabsehbare einförmige Ebenen. Eine eintönige Landschaft, nur selten unterbrochen durch einige verkrüppelte Birken oder ein kleines Kieferngehölz. So weit das Auge reicht, erblickt es nur braunes Haidekraut, die gelbblühende Ginster, stachlichte Wachholderbüsche und große frische grüne Rasenflächen, aus denen hier und dort hohes Schilfgras emporwächst.

Nur wenige Wege führen durch diese Ebenen, welche der Wanderer nicht ohne Bangen durchreist. Es ist still, fast todt in ihnen. Mag auch das Haidekraut im Juli und August im rothen Blüthenmeer schimmern, keine Lerche erhebt sich aus ihm, um ihren fröhlichen Gesang erschallen zu lassen, nur die Schwalbe jagt über die Binsen hinweg, aus dem hohen Grase ertönt der Ruf des Sumpfhuhnes und der eintönige Gesang der Frösche.

Meilenweit kann der Wanderer im Sommer, wenn kein schattender Baum ihn gegen die glühenden Strahlen der Sonne schützt, oder im Herbst und Winter, wenn der Sturmwind ungehindert über die weite Ebene hinfegt und die dürren Binsenhalme peitscht, gehen, ohne daß sein Auge das rothe Dach eines Hauses, die Spitze eines Thurmes oder selbst die Spur eines Menschenfußes erblickt. Die Menschen sind dünn gesäet in diesen Ebenen, in denen meist die Armuth wohnt, in denen der Schweiß, mit welchem der dürre Haideboden umgebrochen wird, um die Saat zu empfangen, nur kärgliche Früchte trägt. Nur Tausende und Tausende von Bienen umsummen den Wanderer, welche aus den Blüthen der Haide den Honig sammeln, und zuweilen begegnet er in der Lüneburger Haide einer Heerde Schafe, welche an dem saftlosen Haidekraute und den Ginsterbüschen nagen. Schon die Gestalt und Farbe dieser Thiere zeigt ihm, daß die Haide nur eine dürftige Existenz gewährt, denn es sind kleine, rauhe und dunkelhaarige Geschöpfe, die sogenannten Haideschnucken.

So lange der Wanderer die Haide durchwandert, lernt er nur die trostlose Einförmigkeit derselben kennen; allein Schrecken erfaßt ihn, wenn er sich den Rasenflächen nähert, welche im frischen Grün sich vor ihm ausbreiten. Der Boden schwankt unter ihm, die trügerische Rasendecke hebt und senkt sich. Wehe ihm, wenn sein Fuß durchbricht, die trügerische Decke sich unter ihm öffnet, der schwarze, unheimliche Moor unter dem Rasen nimmt ihn auf, er versinkt in ihm, rettungslos verloren, keine Hand, kein Strauch, die er erfassen könnte, streckt sich ihm entgegen, kein Ohr vernimmt seinen Hülferuf, die Rasendecke schließt sich wieder über ihm, Alles ist still wie zuvor, die Schwalben jagen über die Binsen hin und haschen nach leichtgeflügelten Libellen, nichts verräth, daß an der Stelle ein Menschenleben zu Grunde ging, daß der Moor ein neues Opfer empfangen hat, wie bereits so viele auf seinem Grunde ruhen.

Unheimlich düster sind diese großen Moorflächen. Wo das Wasser noch kein Rasen überdeckt, blickt es uns dunkel, tückisch entgegen, selbst die Sonne erscheint auf seinem Spiegel matt und bleifarben wie ein Gespenst. Kein Fisch lebt in ihm, kein Nachen schaukelt sich auf ihm, öde liegt es da, ein verrätherischer Feind alles Lebenden. Was es verschlungen, giebt es nimmer wieder heraus, ein Grab für Tausende.

Wie viel Leben ist in solchen Mooren schon zu Grunde gegangen, die Moore selbst erzählen uns davon, denn wunderbar bleibt Alles, was sie verschlingen, in ihnen erhalten, und so stumm, wie sie sind, können sie doch oft seit Jahrhunderten und Jahrtausenden erzählen.

In einem Moore Jütlands fand man die norwegische Königin Gunhilde an einen Pfahl gebunden, da sie der Dänenkönig Harald Blauzahn heimtückisch nach Jütland locken und dort in einem Sumpfe versenken ließ. Jahrhunderte später trat der Moor als Zeuge gegen ihn auf und erzählte der Nachwelt diese Schandthat. In den Mooren findet man noch Römerstraßen und die Holzbrücke, welche der römische Kaisersohn Germanicus schlagen ließ, als er von Holland in die Wassergegenden vordrang. Auf dem Grunde der Moore finden wir die steinernen Streit=

äxte und Pfeilspitzen aus Feuerstein, deren sich die Kelten, die Cherusker und Friesen bedienten, auf ihm römische Münzen neben dem kupfernen Feldkessel und ehernem Helme des römischen Soldaten. Tief im Moore fand man einen phönizischen Kahn und eine mit Ziegeln beladene Barke. In einem Moore versank eine tapfere Schaar englischer Reiter in der Schlacht bei Solway.

Wie viele Zeugen aus längst vergangenen Zeiten hat der Moor uns aufgewahrt. Auf seinem Grunde fand man Menschen aus Deutschlands ersten Tagen, Menschen mit Sandalen an den Füßen, mit langem Haarbusch und einer Thierhaut um den nackten Körper, daneben die Gerippe vorsündfluthlicher Thiere, Riesenelephanten, Bären, Nashörner, Riesenhirsche, Biber und Elennthiere, in ihm aufgeschichtet liegen große Buchen-, Eichen- und Tannenstämme, dazwischen Wallfische, Schildkröten, Vögel und Käfer. Will man doch in den umgestürzten Eichstöcken des Murtenmoores in der Schweiz den Eichwald wieder erkennen, den Karl der Große fällen ließ.

Armuth ist das Gepräge, welches den meisten Haide- und Moorgegenden aufgedrückt ist und namentlich der Lüneburger Haide, in welcher unsere Erzählung spielt. Dürftig nur schießt der Buchwaizen aus dem durch den Pflug umbrochenen Haideboden auf, kümmerlich ernähren die kleinen dunkeln Schaafheerden ihren Besitzer und wenn die Bienen auch manches Pfund Honig und Wachs aus den Haideblüthen zusammentragen, so können die Bienenzüchter sich doch nicht den Glücklichen zur Seite stellen, deren Besitzthum in einer fruchtbaren Gegend liegt, deren Acker Jahr für Jahr reiche Waizen- und Roggenerndten tragen.

Birgt auch der Moor in dem Torfe reiche Schätze in sich, welche in dieser holzarmen Gegend von doppeltem Werthe sind, so ist es doch ein mühsames und kümmerliches Brot, diese Schätze aus dem schwarzen Grunde zu heben. —

In der weiten Ebene der Lüneburger Haide auf einem kleinen Hügel lagen die Trümmer einer alten Burg, der sogenannten Moorburg. Die Mauern derselben waren nicht besonders stark und dick gewesen, dennoch hatten die Ritter der Moorburg einst zu den gefürchtetsten in der ganzen Gegend gehört. Hatten sie einen Kaufmann, der mit seinen Waaren von der alten Hansestadt Braunschweig nach Hamburg zog, auf der öden Straße durch die Haide überfallen und beraubt, so fanden sie auf ihrer Burg eine sichere Zuflucht, denn der Moor, welcher die Burg rings umgab, gewährte ihnen einen stärkeren Schutz, als die dicksten und höchsten Mauern.

Kein Fuß durfte jenen mit dünnem Rasen überwachsenen Moor unbestraft betreten und der einzige sichere Weg, der zu der alten Burg führte, war durch mehrere tiefe Gräben, über welche Zugbrücken führten, durchschnitten. Diesen Weg zu vertheidigen, war für die Ritter der Moorburg um so leichter, weil er nur schmal war und die auf ihm andringende Schaar der Feinde wehrlos ihren Geschossen preisgegeben war.

Wild und grausam hausten die Ritter der Moorburg zu jener Zeit, als das Faustrecht in Deutschland noch blühte. Kein Wagen mit Kaufmannsgütern war vor ihnen sicher, und mit der Kühnheit, zu der sie durch ihren geschützten Schlupfwinkel verleitet wurden, verbanden sie einen wilden unbändigen Sinn.

Als dem Faustrechte indeß endlich ein Ende gemacht war und mehrere der wilden Raubritter durch die immer mächtiger werdenden Bürger des Hansabundes aufgegriffen nud schonungslos aufgeknüpft waren, sank die Macht der alten Moorburg von selbst und ihre Mauern zerfielen allmälig in Trümmer. Die Besitzer der zerfallenen Burg setzten zwar ihr wildes Leben fort; allein aus den gefürchteten Raubrittern waren nur wüste Zechgesellen geworden, welche weit mehr die Wirthshäuser als die Laudstraße unsicher machten, bis ihr Leben in ein reines Vagabundenleben ausartete.

Es schien ein trauriges Erbtheil des Blutes zu sein, daß die Nachkommen jener alten Raubritter gleich diesen jedem geordneten Leben feind waren. Sie ertrugen selbst die Armuth, um ihr ungebundenes, arbeitsloses und wüstes Leben fortzusetzen. Zwischen den Trümmern ihrer alten Burg hatten sie sich eine Wohnung aufgerichtet und der ihnen gehörende Moor, den sie, um Torf daraus zu gewinnen, an einzelne Torfbauern verpachteten, gewährte ihnen so viel, daß sie ihr Leben damit fristen konnten. Lange Jahre hindurch führten sie dasselbe Leben, sich mit Hartnäckigkeit gegen jeden Fortschritt der Zeit und gegen jedes Weiterschreiten der Bildung abschließend, bis in dem Letzten des Stammes, in dem Junker Johann, oder Hans, wie er sich nannte, die ganze Leidenschaftlichkeit und Wildheit des Blutes noch einmal aufloderte.

Junker Hans, oder wie er in der ganzen Gegend genannt wurde, der Moorjunker, war eine große, kräftige Gestalt von einigen dreißig Jahren. Man hätte ihn hübsch nennen können, hätte sein Gesicht einen weniger wilden Ausdruck gehabt und hätte sein wüstes Leben nicht allzu tiefe Spuren darin eingegraben.

Er war ein leidenschaftlicher, wilder Gesell, in dessen Blute der Uebermuth der alten Raubritter nur allzuoft aufschäumte. Von der Verpachtnng der Torfstiche hätte er, da er unverheirathet war, ganz gut leben können; allein er brachte seine ganze Zeit in den Wirthshäusern und Schenken hin und durchspielte oft die ganzen Nächte. Dabei war er in der Wahl seiner Gesellschaft nichts weniger als wählerisch und selbst die Fuhrleute der Frachtwagen, welche auf der Landstraße durch die Haide hin zogen, waren ihm als Spielgenossen willkommen.

Er war stolz auf seinen Adel, ohne daß er mit irgend einem Manne von Adel verkehrte, durch sein wildes Leben war er von jeder feineren Gesellschaft ausgeschlossen. Aufgewachsen in der Haide und im Moor liebte er diese öde Gegend. Sein halb zerfallenes Haus zwischen den Trümmern der alten Burg würde er mit dem schönsten Hause in der Stadt nicht vertauscht haben, weil die Stadt ihm wie ein Gefängniß erschien.

Nachts allein auf seinem Pferde über die Haide hinzusprengen, war nach seinem Sinne, dann kühlte sich sein heißes Blut ab. Niemand hatte ihm dort zu gebieten, kein Weg schrieb ihm die Richtung vor, welche er einschlagen mußte, er konnte reiten, wo er wollte, und er hatte nie gelernt seinen Willen zu bändigen.

In der von der Moorburg ungefähr zwei Stunden entfernten und an der Landstraße gelegenen Haideschenke, in welcher er fast jeden Tag zu verkehren pflegte, saß er beim Glase Bier. Er war in heiterster Stimmung, denn mehreren durchreisenden Handelsleuten hatte er das Geld im Spiel abgenommen.

"Junker," redete ihn der Wirth, eine kurze und wohlbeleibte Gestalt, in vertraulichem Tone an, "heute tragen Sie manchen Thaler heim. Im ganzen Jahre vermag ich nicht so viel zurückzulegen, wie Sie in wenigen Stunden verdient haben."

Der Moorjunker lachte laut und lustig auf.

"Weshalb habt Ihr nicht mitgespielt," entgegnete er.

"Ich habe heute nur wieder gewonnen, was ich bereits hundertmal verloren habe."

"Das Spiel war mir zu hoch," fuhr der Wirth fort. Sie wissen, daß auch ich gern spiele; allein wenn die Thaler auf dem Tische umherrollen, wie heute, wird mir bang zu Muthe, denn ich habe Frau und Kinder für die ich sorgen muß, und die Zeiten sind ohnehin schlecht!"

„Ich habe sie nie besser kennen gelernt," warf der Junker ein, „und sie werden auch wohl nie besser werden!"

„Ihnen steht die ganze Welt noch offen," bemerkte der Wirth.

„Haha! Die ganze Haide, soweit Euer und mein Auge reicht!" rief der Junker mit bitterem Lachen. „Nennt Ihr das die ganze Welt? — Aber ich will nicht mehr als diese Haide und den Moor," fügte er halb in Gedanken und versunken hinzu. „Ich tausche nicht mit Denen, die in der Stadt Sclaven der Gesellschaft und Narren der Mode sind. Hier bin ich mein eigener Herr; hier hat mir Niemand zu befehlen!"

„Ich zöge heute lieber fort von hier, als morgen," fiel der Wirth ein. „Sie haben andere Gegenden nur wenig kennen gelernt, Herr Junker. Ist das Jahr hier schlecht, so ißt man wenig Buchwaizen, und ist es gut, so ißt man etwas mehr Buchwaizen, das ist der ganze Unterschied, denn darüber hinaus kommt es doch nie. Mit allem Fleiße kommt hier Niemand recht vorwärts, denn es geht zu langsam. Wer nicht die Kunst versteht, aus dem Haidesande Gold zu machen, wird hier nimmer reich."

Der Junker schwieg und starrte, mit der schweren Hand auf dem Tische trommelnd, vor sich hin. Er dachte daran, daß doch einst andere Zeiten in dieser Gegend gewesen waren, als seine Vorfahren noch die Güterwagen der reichen Kaufleute überfallen und in die Moorburg geschleppt hatten, als die gefangenen Kaufherren hohes Lösegeld für die Wiedererlangung ihrer Freiheit bezahlen mußten. Damals herrschte Fülle und Ueppigkeit in der alten Burg und noch ging unter den wenigen Haidebewohnern die Sage, daß damals die gewöhnlichsten Troßbuben in der Moorburg nichts als guten Wein getrunken und daß sie um Goldstücke gewürfelt.

Weshalb waren diese Zeiten dahin? Das wäre ein Leben nach seinem Sinne gewesen, auf der Haide aufzulauern und über die durchziehenden Kaufleute herzufallen! Mit dem Schwerte hätte er die Söldner der Kaufleute zu Paaren treiben wollen, er hätte das heiß in ihm gährende Blut befriedigen können!

Der Wind fegte heulend über die Haide daher und trieb die Regentropfen gegen die kleinen Scheiben der Fenster.

„Freuen Sie sich, daß Sie hier sitzen," sprach der Wirth durch das Fenster schauend. „Es fährt heute so ungestüm über die Haide, als ob es im Winter wäre!"

Der Junker schien diese Worte nicht zu hören, denn regungslos blieb er sitzen. Was kümmerte ihn das Wetter! Er war abgehärtet gegen Wind und Regen und oft, wenn es ihm daheim zwischen den Trümmern der alten Burg zu eng wurde, war er mitten in der Nacht fortgeritten und es hatte ihm wohlgethan, wenn der Wind ihm den

Regen in das Geſicht peitſchte und ſeine heiße Stirn ab=
kühlte.

Ein junges Mädchen trat in dieſem Augenblicke
ſchüchtern in das Zimmer. Es war ein überraſchend hüb=
ſches und friſches Geſicht, welches aus dem zum Schutze
gegen den Regen über den Kopf gebundenen Tuche her=
vorſchaute. Das unfreundliche Wetter hatte die Wangen
roth gefärbt und über das ganze Geſicht einen röthlichen
Hauch ausgegoſſen; die großen braunen, von langen Wim=
pern überſchatteten Augen blickten ſo arglos in die Welt
hinein, ſenkten ſich aber unwillkürlich, als ſie dem über=
raſchten und glühenden Blicke des Moorjunkers be=
gegneten.

„Marie, woher kommſt Du bei dieſem Wetter,“ rief
der Wirth erſtaunt, indem er der Eingetretenen die Hand
zum Gruße entgegenſtreckte.

„Aus der Stadt,“ erwiederte das Mädchen ſchüchtern.
„Ich hatte dort einige Einkäufe zu beſorgen. Gönnt mir
nur kurze Zeit Ruhe hier, bis das Unwetter ſich ge=
legt hat.“

„So lange Du willſt!“ fiel der Wirth ein. „Du
haſt es ſchlimm getroffen, höre wie der Wind heult. Leg’
Dein Kopftuch ab, es iſt naß, ſetz’ Dich, Mädchen ich
werde zuſehen, ob es nichts Warmes mehr für Dich giebt!“

Zögernd band Marie das naſſe Tuch ab und ihr
Geſicht wurde durch das volle blonde Haar, welches zum
Vorſchein kam, noch mehr gehoben.

Der Wirth hatte das Zimmer verlassen und das Junkers glühende Augen ruhten fast verzehrend auf dem hübschen Gesichte des Mädchens, indeß blieb er schweigend und regungslos sitzen.

Der Wirth trat wieder ein und setzte einen Topf mit Kaffee vor das Mädchen hin.

„Hier trink'" sprach er. „Du bist seit langer Zeit nicht hier gewesen und Dein Vater kommt auch selten."

„Die Arbeit läßt ihn nicht dazu kommen," entgegnete Marie. „Ihr wißt, daß er die Zeit im Sommer wahrnehmen muß."

„Freilich, freilich, es ist kein leichtes Brot, das er sich verdient," fuhr der Wirth fort. „Manchen Spatenstich muß er thun, ehe er so viel gewinnt, als zum Leben nothwendig ist, und ist der Sommer schlecht, so geht es im Winter oft knapp her, ich weiß es, hier in der Haide und im Moore blüht für Niemand Waizen, es ist, als ob bei der Schöpfung dieser ganze Landstrich vergessen sei und als ob der Fluch der Arbeit und Armuth ewig auf ihm ruhen solle!"

Marie schwieg. Sie hatte nie ein anderes Land kennen gelernt. Wenn sie freilich in der Stadt all die schönen Sachen sah, schlug auch ihr das Herz schneller, kehrte sie indeß in die stille Haide zurück, so vergaß sie all die gesehene Pracht und kein Gefühl der Unzufriedenheit gewann in ihrer Brust Raum.

Der Abend brach bereits herein, der Regen ließ nach. Marie erhob sich, um ihre Wanderung fortzusetzen.

„Bleib' noch," sprach der Wirth. „Der Himmel sieht noch trübe und schwer aus, der Regen kann jeden Augenblick auf's Neue beginnen."

„Ich muß heim, ehe die Nacht völlig hereinbricht." entgegnete Marie.

„Sie bricht ohnedies herein, ehe Du das Haus Deines Vaters erreichst," fuhr der Wirth fort. „Bleib' hier die Nacht über; Du kannst mit Tagesanbruch heimkehren."

Entschieden lehnte Marie dies Anerbieten ab.

„Mein Vater würde sich ängstigen," sprach sie, dabei rötheten sich leicht ihre Wangen, als habe sie noch einen andern geheimen Gedanken, der sie heim treibe.

Sie band das noch immer nasse Tuch wieder über den Kopf und verließ die Haideschenke.

Noch einmal begegnete ihr Auge dem glühenden Blicke des Junkers, als sie aus dem Zimmer trat, um so hastiger schritt sie über die Haide dahin. Sie fühlte, daß dieser Blick ihr folgte und sie suchte, so rasch als möglich aus dem Bereiche desselben zu kommen.

In der That stand der Junker an dem Fenster und schaute ihr nach, bis ihre Gestalt in dem Dunkel des Abends verschwand.

„Wer ist dies Mädchen?" fragte er den Wirth.

„Kennen Sie die Tochter ihres eigenen Pächters nicht?" warf der Wirth ein.

„Meines Pächters?" wiederholte der Moorjunker erstaunt.

„Des alten Torfbauers Hohgrebe," gab der Wirth zur Antwort.

„Ich wußte nicht, daß er eine Tochter hat."

„Er hatte auch einen Sohn," fuhr der Wirth fort. „Sie wissen, daß derselbe vor mehreren Jahren spurlos verschwunden ist. Er wird im Moore versunken sein, ob durch einen unglücklichen Zufall oder die Hand eines Andern, wer weiß es?"

Der Junker hatte sich an dem Tische niedergelassen, leerte das vor ihm stehende Glas Bier hastig und blickte starr vor sich hin. Seine Wangen schienen bleicher geworden zu sein.

„Der Tod des kräftigen Burschen hat den alten Hohgrebe schwer betroffen," erzählte der Wirth in gesprächiger Weise weiter. „Er hat eine tüchtige Hülfe und eine Stütze für sein Alter an ihm verloren. Ich weiß mich der Geschichte noch so genau zu entsinnen, als wären erst wenige Wochen seitdem verschwunden und doch sind es eine Reihe von Jahren. Der Bursch, Georg war sein Name, war hier bei mir in der Schenke, es war an einem Sonntage und da pflegte er öfter zu kommen, um ein Glas Bier zu trinken und das konnte er sich gönnen, da er ein tüchtiger und fleißiger Arbeiter war. Es ging lustig an jenem Tage her, denn er traf noch mehrere bekannte Burschen hier. Sie alle waren indeß mäßig im Trinken und nicht ein einziger von ihnen hatte des Guten zuviel gethan. Nur zum Scherz rief ich ihm, als er die Schenke am Abende verließ, um heim zu kehren, nach: „Nun Georg, lauf' nicht in den Moor hinein." Ich höre noch sein lustiges Lachen als Antwort darauf: „Eher verlauf' ich mich in der Haide und kehre hierher zurück, hebt mir nur ein Glas Bier auf," rief er und ging fort. Ohne weiter an ihn zu denken, begab ich mich zur Ruhe, ich dachte an keine Gefahr, denn er war ja im Moore aufgewachsen und kannte die Wege durch denselben so genau, wie ich die Finger dieser Hand kenne; allein noch sehe ich im Geiste deutlich das verstörte und bleiche Gesicht mit welchem sein Vater am andern Morgen kam, um nach ihm zu fragen. Sobald ich des Alten Gesicht erblickte, wußte ich, daß ein Unglück geschehen war, und ich hatte mich nicht getäuscht, den Burschen hat Niemand wieder gesehen. Der Alte wollte ein solches Unglück nicht glauben, zumal ich ihm die feste Versicherung gegeben hatte, daß der Bursch nicht zu viel getrunken habe, und einen Feind hatte der Bursch auch nicht; wochenlang forschte er ihm in allen Richtungen nach, er durchsuchte den ganzen Moor, soweit er dies vermochte, allein Alles vergebens nicht die geringste Spur seines Sohnes hat er aufgefunden. Der Moor hat ihn verschlungen, wie bereits so Manchen und der giebt ja Niemand wieder heraus."

Schweigend saß der Junker da und blickte noch immer starr vor sich hin. Der Wirth brachte ihm ein frisches Glas Bier. Er leerte es in einem Zuge.

„Bringt mehr!" rief er.

Der Wirth gehorchte. Des Junkers auffallendes Wesen fiel ihm nicht auf, derselbe hatte oft seine sonderbaren Weisen, das heiße Blut in ihm schien überzuschäumen und scherzend pflegte der Wirth dann zu sagen: „Der alte Raubritter spukt in ihm."

„Der alte Hohgrebe hat weiter kein Kind, als dies Mädchen?" fragte Hans endlich.

„Er hatte nur den einen Sohn und diese eine Tochter. Er war schon ziemlich in den Jahren, als er sich verheirathete, und lange behielt er seine Frau auch nicht, da starb sie."

Schweigend leerte der Junker ein Glas nach dem andern, wohl blieben seine Wangen bleich; allein seine Augen leuchteten immer glühender und wilder.

Das Unwetter war auf's Neue losgebrochen, und tobte jetzt schlimmer, als am Tage. Der Wind peitschte den Regen gegen die Fenster, die ganze, leichtgebaute Haideschenke schien in ihren Grundfesten erschüttert zu werden.

„Bringt mein Pferd, ich will fort!" rief der Junker plötzlich aufspringend und einen Thaler als Bezahlung auf den Tisch werfend.

Erschrocken stand der Wirth da. Das glühende Auge

des wilden Junkers verrieth deutlich, daß er zu viel getrunken hatte, und in diesem stürmischen Wetter wollte er heimkehren!

„Nein, ich lasse Sie nicht fort!" sprach der Wirth. „Mich würde ein Theil der Verantwortung treffen, wenn Ihnen ein Unglück begegnete!"

„Bringt mein Pferd und kümmert Euch um Euch!" unterbrach ihn der Junker heftig. „Glaubt Ihr, ich fürchte einen Regentropfen! Haha! Das Wetter gefällt mir! Mein Pferd!"

Der Wirth wagte keine Vorstellung mehr, sondern führte das Pferd aus dem Stalle herbei. Der Junker schwang sich auf dasselbe, stieß ihm die Sporen in die Flanken, daß es hoch aufbäumte, und sprengte dann in die Nacht hinein, dem Sturme entgegen.

Kopfschüttelnd trat der Wirth in das Haus zurück.

„Mich soll's nicht wundern, wenn der einmal ein schlimmes Ende nimmt," sprach er zu sich selbst. „Das heiße, unbändige Blut wird ihn noch in's Verderben stürzen!" —

Rasch schritt Marie, nachdem sie die Schenke verlassen hatte, über die Haide dahin. Zwei Wege führten zu dem Hause ihres Vaters, ohne Zögern wählte sie den kürzern, obschon derselbe nicht ohne Gefahr war, denn er führte eine weite Strecke durch den Moor hin."

Immer mehr brach der Abend herein und still wurde es ringsum. Kein Laut drang zu ihr, allein furchtlos schritt sie weiter, denn mit der Einsamkeit der Haide war sie ja vertraut. Da sah sie in dem Halbdunkel des Abends in der Ferne die Gestalt eines Mannes auftauchen. Erschreckt stand sie einen Augenblick still. Sie hatte an den glühenden Blick des Moorjunkers gedacht, und als sie die Gestalt in der Ferne erblickte, war die Befürchtung in ihr aufgestiegen, daß er es sein könne, allein schon im nächsten Augenblicke mußte sie über sich selbst lächeln. Es war ja unmöglich, daß der Junker in so kurzer Zeit dorthin gelangen konnte.

Sie hielt die Hand über die Augen, um schärfer zu sehen, und kaum hatte sie den Nahenden erkannt, so eilte sie ihm um so rascher und mit freudig pochendem Herzen entgegen.

Es war ein junger schlank gewachsener Bursch, der ihr entgegen kam. Leicht schritt sein Fuß über die Haide dahin, dennoch verrieth jede seiner Bewegungen Kraft.

„Ahoi! Ahoi!" rief er laut, als er Marie bemerkt hatte, und schwenkte die Mütze in der Luft.

In wenigen Minuten hatten sich beide erreicht, und stürmisch preßte der Bursch das Mädchen an die Brust.

„Heinrich, woher kommst Du?" fragte Marie, deren freudig glühende Wangen man noch im Halbdunkel des Abends erkennen konnte.

„Von dem Hause Deines Vaters," entgegnete der Bursch. „Ich glaubte Du würdest früher heimgekehrt sein."

„Ich dachte es mir," fuhr der Bursch fort, indem er den Korb, den Marie am Arme trug, ihr abnahm, „die Zeit währte mir zu lang, deshalb bin ich Dir entgegen gegangen."

„Woher mußtest Du, daß ich diesen Weg einschlagen würde?" warf Marie ein.

„Ich wußte es. Ich sagte mir einfach, daß Du, da es spät geworden war, den kürzeren Weg wählen würdest. Du hast aber Unrecht daran gethan, Marie, denn Du weißt, wie gefährlich dieser Weg am Abend ist!"

„Ich kenne ihn ja genau."

„Schon Mancher hat sich darauf verlassen und ist dennoch im Moore versunken. Ein einziger Fehltritt kann zum Verderben gereichen. Wenn Dich nun auf's Neue ein solches Unwetter auf dem schmalen Wege überrascht, wenn der Wind Dir den Regen in die Augen getrieben hätte? Es ist dann schwer, den Weg im Dunkel des Abends zu erkennen."

„Ich wußte, daß Du bei meinem Vater sein würdest," entgegnete Marie, „deshalb sehnte ich mich heim und wählte den kürzeren Weg."

Heinrich erfaßte des Mädchens Hand und so schritten sie über die Haide hin.

Beide waren verlobt und hingen mit innigster Liebe an einander.

Auch Heinrich war ein Kind der Haide. Kaum eine Stunde von der Wohnung des alten Hohgrebe entfernt stand sein kleines Haus inmitten des grünen und blühenden Haidekrauts. Er lebte von der Bienenzucht. Vor wenigen Jahren war sein Vater gestorben und noch ein junger Bursch hatte er das kleine Haus übernommen, allein schon in den wenigen Jahren hatte sich die Zahl seiner Bienenstöcke und damit auch seine Einnahme verdoppelt.

Er liebte die Bienen und hatte für das Leben derselben ein wunderbares Verständniß. Er wußte, ob die Bienen ihm gehörten, die ihn umsummten, wenn er über die blühende Haide hinging und wenn zu Zeiten Raubbienen aus fremden Stöcken zu den seinigen kamen, so verfolgte er sie mit wunderbar scharfem Blicke über die Haide hin, bis er wußte, welchem Stande sie angehörten.

Ebenso verfolgte er oft Stunden weit die wilden Bienen, um den Ort zu erforschen, wohin sie ihren Honig trugen.

Jedes Jahr hatte er seinen Bienenstand vergrößert und obschon er eine alte Mutter zu erhalten hatte, konnte er doch daran denken, Marie als sein Weib heimzuführen und jede Noth von ihr fern zu halten.

Einige Stücke Feld und ein kleiner Garten gehörten zu seinem Eigenthume. War das Feld auch nicht mehr als dürrer Haidesand, so hatte er denselben doch durch ausdauernden Fleiß und Sorgfalt so fruchtbar gemacht, daß er weitum jedes Jahr den besten Buchweizen und die besten Kartoffeln erntete.

„Noch eine gute Botschaft habe ich Dir mitzutheilen," sprach er zu Marie. „Heute war ein Händler bei mir und hat mir den Rest meines Honig und alles Wachs, welches ich noch besaß, abgekauft. Er hat mir einen höheren Preis bezahlt, als ich je bekommen habe, und ich habe einen Contract mit ihm abgeschlossen, nach welchem er mir jedes Jahr zu demselben Preise den Honig und das Wachs abkaufen will."

„Da bist Du ja reich," warf Marie scherzend ein.

„Ja, ich bin reich!" rief Heinrich, „denn jetzt bin ich im Stande ohne Bangen für die Zukunft Weib und Kind zu ernähren und jetzt werde ich auch in Deinen Vater bringen, daß Du bald für immer mein wirst."

Marie antwortete nicht, allein hätte er die freudige Röthe sehen können, welche ihre Wangen überzog, so würde er laut aufgejubelt haben.

„Du schweigst?" fragte er. „Willst Du nicht gern mein Weib werden?"

„Dann könnte ich Dich nicht lieben," entgegnete Marie. „Mich erfüllt nur die Besorgniß um meinen Vater, ich kann ihn nicht allein lassen."

„Dann zieht er mit Dir. Auch für ihn ist Raum in meinem Hause und an Brod für ihn soll es nie fehlen."

Marie schüttelte ablehnend mit dem Kopfe.

„Das wird er nie thun," sprach sie.

„Und weshalb nicht? Mit meinem Vater lebte er in langjähriger Feindschaft, allein mit mir ist er ja ausgesöhnt, sonst würde er nicht seine Einwilligung gegeben haben, daß Du die Meinige werdest."

Marie schwieg. Sie mochte ihm nicht sagen, welche schweren Kämpfe und wie unendlich viel Thränen es gekostet, ehe ihr Vater seine Einwilligung gegeben, sie konnte ihm noch weniger mittheilen, daß in dem Herzen ihres Vaters noch immer ein Theil der alten Feindschaft und des Grolles zurückgeblieben sei. Sie erkannte dies aus dem Blicke seiner Augen, wenn dieselben auf Heinrich gerichtet waren, es lag etwas darin, was sie besorgt machte, obschon sein Benehmen freundlich gegen Heinrich war.

Das Unwetter brach auf's Neue los, sie gelangten an den Moor und Heinrich schritt auf dem schmalen und unsicheren Pfade voraus, um dem geliebten Mädchen den Weg zu zeigen. Selbst für sein scharfes Auge war dies nicht leicht, denn der Regen schlug ihm in's Gesicht.

Glücklich erreichten sie das kleine ärmliche Haus, in welchem Mariens Vater wohnte, und bald saßen sie im traulichen Gespräche in dem niedrigen Zimmer neben einander.

Regungslos, mit geschlossenen Augen saß der alte Torfbauer in einem Lehnstuhle. Nur zuweilen, wenn der Sturm allzuarg an dem alten Gebäude rüttelte, als wollte er dasselbe über den Haufen werfen, öffnete er die Augen und blickte besorgt umher.

Es war eine große und kräftige Gestalt, allein Arbeit

und Sorgen hatten dieselbe gebeugt und seine Haare vor der Zeit gebleicht. Er erschien älter, als er wirklich war. Sein ganzes Leben hatte nur aus Arbeit und Mühen bestanden. Das kleine Haus, welches er bewohnte, der Grund, auf welchem er den Torf stach, gehörten dem Moorjunker, und trotz aller Arbeit hatte er nicht soviel erringen können, um sich ein eigenes kleines Besitzthum zu kaufen. Dies hatte ihn mürrisch und unzufrieden gemacht und eine Bitterkeit in ihm hervorgerufen, die sich gegen Alle richtete, denen es besser erging als ihm, denen das Geschick ein leichteres Leben beschieden hatte. Hinzugekommen war noch das plötzliche Verschwinden seines Sohnes, auf den er all seine Hoffnungen gebaut hatte.

Nur mit innerem Widerstreben hatte er seine Einwilligung zu der Verbindung seiner Tochter mit Heinrich gegeben, denn er hegte einen stillen Groll gegen Heinrich, den Sohn seines erbittertsten Feindes. Der Gedanke, daß er im Alter einst von ihm abhängen und von seiner Gnade leben sollte, war ihm peinlich und er gab die Hoffnung noch nicht auf, daß diese Verbindung durch irgend ein Geschick verhindert werden möge.

Immer heftiger schien der Sturm zu werden, er rüttelte an den kleinen Fenstern, an dem ganzen Hause. Besorgt erhob sich der Alte und trat an das Fenster. Da ertönte draußen plötzlich das laute Wiehern eines Pferdes. Ueberrascht sprangen Heinrich und Marie auf. Wer konnte so spät und bei diesem Wetter zu dem abgelegenen Hause kommen? Ehe sie sich eine Antwort auf diese Frage zu geben vermochten, wurde die Thür geöffnet und der Moorjunker trat ein.

Erschreckt fuhr Marie zurück. Der erste Blick seiner glühenden Augen traf sie. Und wie sah er aus! Seine Kleidung trief von Regen, der Sturm hatte sein Haar zerzaust, welches wirr und naß ihm über die Stirn hing. Er sah wilder aus, als sie ihn je zuvor gesehen hatte.

„Ach, Herr Junker!" rief der Alte nicht weniger überrascht und riß die Mütze von dem Kopfe. Noch stand der Junker regungslos in der Thür und sein Auge ruhte auf Heinrich, den er hier nicht erwartet hatte. Ein einziger Blick hatte ihm das Verhältniß verrathen, in dem Marie zu ihm stand.

„Habt Ihr einen Stall oder einen Schuppen, in den Ihr mein Pferd ziehen könnt?" fragte der Junker endlich, sich an den Alten wendend.

Der Torfbauer bejahte es, und verließ das Zimmer.

Schweigend, aber in sichtbarer Aufregung schritt der Moorjunker in dem engen Raume, dessen Decke sein Kopf fast berührte, auf und ab.

Der Torfbauer trat wieder ein.

„Wollen Sie nicht Platz nehmen?" fragte er, indem er höflich den Sessel herbeirückte.

„Nein," entgegnete der Junker kurz, hastig und schon dies eine Wort verrieth die Größe seiner Aufregung. „Ich will nur bleiben, bis der Sturm sich gelegt hat," fuhr er fort. „Es geht wild her diese Nacht auf der Haide! Der Wind pfeift wie ein Raubvogel in der Luft!"

Scharf beobachtend und ungläubig ruhte Heinrich's Auge auf ihm. Nicht das Unwetter hatte ihn hierhergetrieben, denn er hatte den wilden Junker schon bei gleich heftigem Sturme nur zum Vergnügen durch die Haide hinjagen sehen. Und was hatte er in der Nähe dieses Hauses zu suchen? Die alte Moorburg lag weit ab und der Weg von der Haideschenke führte nicht hier vorüber. Verirrt hatte der Junker sich aber nimmermehr, dazu kannte er die Haide und den Moor zu genau.

Sollte es Marie sein, die ihn hiehergezogen hatte? Er hatte den glühenden Blick des Junkers bemerkt, er sah des geliebten Mädchens geröthete Wangen und heiß rann das Blut durch seine Adern.

Verlegen stand der Torfbauer da; er wußte nicht, was er mit dem aufgeregten Gaste, seinem Pachtherrn beginnen sollte, dessen Auge bei jeder Wendung, die er im Zimmer machte, mit glühendem Blicke über Mariens Gestalt hinglitt. Und der Sturm rüttelte an dem Fenster und erhöhte die peinliche Lage.

Heinrich wagte kaum einige flüsternde Worte zu Marie zu sprechen.

Der Torfbauer hatte eine Flasche mit Wachholderbranntwein und ein Glas auf den Tisch gestellt und lud den Junker schüchtern ein, zu trinken, allein dieser schien seine Worte nicht zu hören, denn er antwortete nicht.

„Hohgrebe, ich habe mit Euch zu sprechen," brach er endlich sein Schweigen, „kommt mit vor die Thür;" und ohne des Alten Antwort abzuwarten, verließ er das Zimmer und das Haus. Sie schienen unter den Torfschuppen getreten zu sein, unter welchem das Pferd stand, denn weder Heinrich noch Marie vernahmen ein Wort.

„Was will der wilde Junker hier?" fragte Heinrich endlich.

„Ich weiß es nicht," entgegnete Marie, welche die Bestürzung über das unerwartete und hastige Eintreten des Junkers noch nicht überwunden hatte.

„Ist er schon öfter hier gewesen?" forschte Heinrich weiter.

„Noch nie. Ich habe ihn heute zum ersten Male in der Nähe gesehen, als ich in der Haideschenke Zuflucht suchte; er saß dort am Tische!"

Heinrich zuckte unwillkürlich zusammen. Es schien ihm außer Zweifel zu sein, daß er Marie gefolgt war, vielleicht hatte er gehofft, sie noch einzuholen, denn er konnte nicht vermuthen, daß sie den kürzeren, aber gefährlichen Weg durch den Moor einschlagen werde.

„Er war dort!" rief er. „Und er hat mit Dir gesprochen?"

„Nein," entgegnete Marie bestimmt.

Die Aufregung und Eifersucht hatte die Wangen des Burschen geröthet.

„Sprich die Wahrheit!" rief er und seine Stimme bebte leise.

- Marie begriff seine Aufregung nicht.

„Er hat nicht mit mir gesprochen," wiederholte sie. „Weshalb glaubst Du mir nicht?"

„Weil der wilde Junker nur Deinetwegen hierhergekommen ist, weil er nicht erwartet hat, mich hier zu finden, ich habe es an dem erbitterten Blicke gesehen, den er mir zuwarf. Oder hälst Du es für unmöglich, daß dieser wüste Mann Dir nachstellt?"

„Er hat mich nie zuvor gesehen," warf das Mädchen ein.

„Um so auffallender ist es, daß er noch heute hierherkommt. Ich kenne ihn. Er ist nicht im Staude, eine Leidenschaft, die ihn ergriffen hat, zu zügeln, er ist gewöhnt, seinen Willen und Kopf durchzusetzen, nur mag er sich vor mir hüten, denn ich fürchte ihn nicht!"

„Heinrich, Du weißt, daß ich Dein bin und daß mich nichts von Dir zu trennen vermag," suchte Marie den Aufgeregten zu beruhigen.

„Ich befürchte nicht, daß es ihm gelingen wird, Dein Herz zu erwerben, allein ich befürchte, daß er Dir nachstellt. Er ist zu jeder Gewaltthat fähig, wenn es gilt eine Leidenschaft zu befriedigen. In seinen Adern fließt noch das wilde Blut der alten Raubritter, welche die Haide einst unsicher machten. Um so mehr werde ich jetzt darauf bringen, daß Du bald die Meinige wirst, denn in meinem Hause werde ich Dich schützen, dort hat der wilde Gesell nichts zu suchen und dorthin zu kommen wird er nicht wagen."

Das Wiehern des Pferdes vor dem Hause verrieth, daß der Junker sich wieder entfernte.

„Was hat er mit Deinem Vater Geheimes zu besprechen?" fuhr Heinrich fort. „Beträfe es das Pachtverhältniß Deines Vaters, so brauchte er kein Geheimniß daraus zu machen und diese Stunde ist nicht die Zeit zu einer Geschäftssache."

Der Torfbauer trat wieder in das Zimmer, über sein Gesicht glitt ein grinsendes Lächeln hin. Als er sich in den Lehnstuhl niederließ, glaubte Heinrich das Klingen von Geldstücken in seiner Tasche zu vernehmen. Dies erhöhte seinen Verdacht und machte ihm denselben zur Gewißheit.

Ohne Zögern theilte er dem Alten seinen Wunsch, daß Marie bald für immer die Seinige werden möge mit.

Ein verlegenes Lächeln zuckte über das Gesicht des Torfbauern. Er antwortete ausweichend, indem er bemerkte, vor der Hand sei noch nicht daran zu denken, denn er selbst bedürfe der Hülfe seiner Tochter noch.

„Ihr zieht mit mir," warf Heinrich ein. „Mein Haus ist groß genug für uns alle, dann entbehrt Ihr Mariens Pflege nicht."

„Ich mag an keinem fremden Tische essen, so lange

ich an dem eigenen noch keine Noth leide," entgegnete Hohgrebe kurz.

„Ist der Tisch Eurer Tochter für Euch ein fremder?" bemerkte Heinrich.

„Ich verlasse das Haus nicht, in welchem ich geboren und aufgewachsen bin," fuhr der Alte fort. „Und da ich allein hier. nicht bleiben kann, so bleibt Marie bei mir!"

Auch Marie bat jetzt ihren Vater, dem Wunsche ihres Geliebten nachzugeben.

„Schweig," unterbrach sie der Torfbauer unwillig.

„Noch habe ich Dir zu befehlen. Glaubst Du, ich habe Dich deshalb herangezogen und für Dich gearbeitet, damit Du mich verläßt und dem ersten Besten nachläufst!"

Das Blut stieg in Heinrichs Wangen.

„Ihr habt selbst Eure Einwilligung zu unserer Verbindung gegeben," rief er.

„Hoho! Trotzest Du darauf!" fiel der Alte ein. „Wie ich sie gegeben habe, kann ich sie auch zurücknehmen und ich thue es, damit Du weißt wie Du daran bist."

„Vater! Vater!" unterbrach ihn Marie laut schluchzend.

Der verblendete Mann sah die Thränen seines Kindes kaum.

Heinrich zitterte vor Aufregung.

„Das Herz Eures Kindes könnt Ihr mir dennoch nicht entziehen!" entgegnete er. „Marie wird dennoch die Meinige und sollte ich noch zwanzig Jahre warten müssen!"

„So warte!" rief der Torfbauer mit höhnendem Lachen. „So lange ich lebe wird es nicht geschehen!"

„Euch hat das Geld des Moorjunkers verblendet, welches in Eurer Tasche klingt," warf Heinrich ein.

Erzürnt sprang der Alte empor, seine gebeugte Gestalt richtete sich hoch auf, sein Gesicht röthete sich und die Adern auf seiner Stirn schwollen hoch auf.

„Was geht Dich der Junker an," rief er heftig. „Du hast nicht zu fragen, was ich mit ihm vorhabe und ich weiß auch nicht, was Du hier noch zu suchen hast! Wir sind fertig mit einander, wie ich mit Deinem Vater fertig war, und kommst Du wieder hierher, so werde ich von meinem Rechte Gebrauch machen und Dich . . . .!"

Marie unterbrach ihn, indem sie sich ihm entgegenwarf und ihn flehend umklammerte. Heftig stieß er sie von sich.

Heinrich war erbleicht. Er kämpfte heftig mit sich. Sein heißes Blut trieb ihn, die Beleidigung nicht ungestraft hinzunehmen, sein Herz rief ihm zu, daß es der Vater seiner Geliebten sei, der ihn beleidigt habe.

„Ich gehe," sprach er mit bebender Stimme. „Vielleicht bereut Ihr selbst einst diese Stunde!"

Lautes höhnendes Lachen des Torfbauers folgte ihm, als er rasch das Zimmer verließ.

„Heinrich, bleib, bleib!" rief Marie, ihm nachstürzend, denn noch hoffte sie, den Zorn ihres Vaters zu beschwichtigen.

Sie vermochte ihn nicht zurückzuhalten.

"Ich kann nicht bleiben," entgegnete Heinrich. "Dein Vater hat mir die Thür gewiesen und ich weiß nicht, ob ich im Stande wäre zum zweiten Male ein solches Wort ruhig anzuhören. Marie, mein Herz bleibt bei Dir! Ich habe Dir meine Liebe und Treue geschworen und ich halte Wort. Nur Du wirst mein Weib!"

Schluchzend warf sich Marie an seine Brust.

"Ich lasse nimmer von Dir, ich gehe mit Dir!" rief sie.

Mit Mühe gelang es Heinrich, sie etwas zu beruhigen.

"Nein, bleib, Marie," sprach er. "Dein Vater würde Dich zurückholen, denn er hat das Recht dazu. Bleib nur fest in Deiner Liebe. Der Junker wird wiederkehren, wird sich Dir nahen mit Geschenken und schmeichelnden Worten, höre nicht auf ihn, denn seine wilde Leidenschaft ist doch nimmermehr aufrichtige Liebe, hoffe getrost auf die Zukunft. Ich ginge nicht fort von hier, wenn ich nicht die feste Zuversicht hätte, daß Du einst doch die Meinige wirst. Hier werden wir uns sobald nicht wieder sehen, aber die Haide ist groß und wir werden einen Ort finden, wohin das Auge Deines Vaters nicht reicht, dort wollen wir uns treffen."

Noch einmal preßte er das schluchzende Mädchen fest an seine Brust, küßte es auf Stirn und Mund und schritt dann rasch hinein in die dunkle Nacht und dem Sturme entgegen.

Auch ihm that der Regen, den der Wind ihm in's Gesicht trieb, wohl, denn derselbe kühlte seine glühende Stirne.

Mit welchen Hoffnungen hatte er vor wenigen Stunden das Haus des Torfbauers betreten und wie schnell waren dieselben vernichtet! Nur der Junker trug die Schuld. Er hatte den Alten mit Geld verblendet! Er konnte nicht zweifeln, daß Hohgrebe dem wilden und wüsten Manne sein Kind für Geld verkaufen werde, allein er baute fest auf Mariens Liebe und nicht die leiseste Befürchtung, daß sie ihm untreu werden könne, stieg in ihm auf.

Aber er haßte den Junker, der sein Glück so jäh zerrissen hatte. Er wünschte ihm zu begegnen, auf der Haide, um von ihm Rechenschaft zu fordern, er fürchtete selbst die überlegene Kraft desselben nicht.

Der Wind heulte stärker als zuvor und benahm ihm fast den Athem. Nur mit Mühe vermochte er weiter zu gehen. Da vernahm er plötzlich den raschen Hufschlag eines Pferdes. Ueberrascht blieb er stehen. In dem Dunkel der Nacht sah er einen Reiter kaum zehn Schritte von sich entfernt wild und gespensterhaft vorübersprengen. An der großen Gestalt erkannte er den Moorjunker. Wer außer ihm würde auch zur Nachtzeit und in diesem Sturme in so toller Weise durch die Haide hingejagt sein, um sein Blut abzukühlen.

Der Sturm hate sich ausgetobt. Als am folgenden Morgen die Sonne im Osten empor stieg, war der Himmel blau und wolkenleer. Die ersten Strahlen der Sonne ergossen sich auf das rothe Blüthenmeer der Haide, an deren zarten Blüthen noch Tausende und Tausende von Regentropfen hingen, welche die Strahlen vielfältig zurückwarfen.

Man muß die blühende Haide an solch einem Morgen gesehen haben, um den ganzen Zauber zu begreifen, den sie auszuüben vermag. Es liegt ein Hauch des Friedens über ihr, der durch nichts getrübt wird. Kein Laut unterbricht ihn, so weit das Auge reicht, ruht es auf der goldig rothen Blüthendecke, welche nur hier und dort durch das saftig frische Grün des Moores unterbrochen wird.

Tausende von Bienen umsummen die zarten Haideblüthen. Sie beginnen ihr Tagewerk früh, um es unausgesetzt fortzusetzen, bis die Sonne sich im Westen wieder neigt.

Als Marie am folgenden Morgen erwachte und den Frieden in der Natur wahrnahm, vermochte sie es kaum zu fassen, daß wenige Stunden zuvor ein so heftiger Sturm an ihrem Glücke gerüttelt hatte. Allein ihr Herz zitterte noch nach von dem empfundenen Weh.

Ihr Vater war bereits hinausgegangen und hatte die einförmige Arbeit im Moore begonnen. Se war jeden Morgen allein in dem Hause, jedoch nie zuvor hatte sie die Einsamkeit so drückend empfunden. Das Bild des wilden Moorjunkers trat unwillkürlich vor sie hin. Sie suchte es zu verscheuchen, indem sie ihre tägliche Arbeit begann, allein überall leuchteten ihr die unheimlich glühenden Augen des Junkers entgegen. Sie fürchtete sich vor ihnen.

Aber war der wüste Mann wirklich ihretwegen gekommen? Konnte Heinrich sich in seiner Befürchtung nicht täuschen? War es möglich, daß ihr Vater durch des Junkers Geld gewonnen war, um sie ihm preiszugeben?

Sie wurde ruhiger, als Stunde um Stunde verrann und Alles still ringsum blieb. Sie saß allein in dem kleinen Zimmer, mit einer Arbeit beschäftigt. Durch das geöffnete Fenster wehte ihr der frische Duft des Morgens entgegen. Mit gleichmäßigem Schlage bewegte sich der Pendel der alten Schwarzwälder Uhr hin und her. Wie oft hatte sie früher diesem einförmigen Tick-Tack gelauscht, um die Minuten an ihm abzumessen, jetzt freilich beschäftigen sich ihre Gedanken nicht damit, denn sie waren hingeeilt über die Haide zu einem freundlichen kleinen Hause, an welches ein kleiner Garten mit duftenden Blumen sich schloß. Auf einem Holzgestelle standen daneben lange Reihen von Bienenstöcke, summend von den Bienen umschwärmt. Sie sah im Geiste, wie Heinrich mit seinen Lieblingen sich beschäftigte und wie Tausende der kleinen Arbeiter beschäftigt waren, für sie zusammenzutragen und an ihrem Glücke zu bauen.

Da fuhr sie durch den Hufschlag eines Pferdes, welchen sie plötzlich vor dem Hause vernahm, erschreckt zusammmen. Sie sprang empor, von ihren Wangen war das frische duftige Roth geschwunden, ihr Herz pochte bang und schnell, denn nur zu gut wußte sie, wen das Pferd herbeigetragen hatte.

Noch stand sie unschlüssig, was sie beginnen sollte, da, als der Moorjunker bereits in das Zimmer trat. Er sah weniger wild und aufgeregt aus als am Abende zuvor. In freundlichster Weise kam er ihr entgegen und erfaßte ihre Hand.

Unwillig entzog sie ihm dieselbe. Ihr Auge blickte hülfesuchend umher. Der Gedanke, ihm zu entfliehen, stieg in ihr auf und sie eilte der Thür zu. Der Junker vertrat ihr den Weg.

„Du entkommst mir nicht!" rief er, sie zurückhaltend. „Hör' mich an, Mädchen! Ehe der Tag hereinbrach, bin ich fortgeritten zur Stadt, um Dir diese goldenen Ohrringe zu holen. Hier! Sie werden Dein schmuckes Gesicht noch hübscher machen!"

Unwillig stieß Marie die Hand, welche ihr das Geschenk entgegenhielt, zurück.

„Ich nehme nichts von Ihnen, ich habe nichts mit Ihnen zu schaffen!" rief sie in höchster Angst.

„Hoho!" fiel der Junker ein. „Glaubst Du, ich lasse mich so leicht von einem Mädchen zurückweisen! Deine braunen Augen haben es mir angethan und ich habe geschworen, daß Du mein werden sollst und der Junker Hans hält Wort, wenn er einmal geschworen hat!"

"Ich werde es nie, — nie!" rief Marie.

Die Brauen des Junkers zogen sich zusammen, in seinen Augen blitzte es wild auf, er beherrschte sich indeß.

"Ich liebe Dich wirklich und meine es aufrichtig mit Dir!" fuhr er fort. "Zu meiner Frau will ich Dich machen. Oder meinst Du, ich besitze nicht Macht genug, meinen Willen durchzusetzen! Dem Junker Hans hat noch Niemand zu trotzen gewagt. Mir gehört dies Haus, in dem Du geboren bist, der Boden, auf dem Dein Vater seinen Lebensunterhalt findet. Von meinem Willen hängt es ab, ob Ihr noch einen Tag hier bleibt oder nicht!"

Zitternd stand Marie da. Sie war nicht im Stande, ein Wort zu erwiedern.

"Ich will es nicht thun," sprach der Junker, als er bemerkte, wie sehr seine Worte das Mädchen ängstigten, "aber füge Dich meinem Willen, Du sollst es gut bei mir haben, in schönen Kleidern sollst Du einhergehen, Du sollst die Herrin in der alten Moorburg werden!"

Er erfaßte wieder Mariens Hand, unwillig entzog sie ihm dieselbe.

"Ich habe mit Ihnen nichts zu schaffen!" rief sie.

Der Zorn des wilden Junkers loderte jetzt hell auf.

"Ha! Ich weiß, daß Dein Herz dem Burschen gehört, den ich gestern Abend hier getroffen!" rief er. "Er wird nimmer der Deine! Er glaubt unabhängig von mir zu sein, weil die erbärmliche Hütte und das Stück Land ihm gehören, aber auf meinem Grund und Boden sammeln seine Bienen den Honig und das Wachs, von denen er lebt. Er glaubt vielleicht, ich könne denselben nicht wehren! Haha! Noch giebt es Mittel denselben den Weg abzuschneiden. Er mag sich vor mir hüten!"

Marie bangte für den Geliebten, weil sie den wilden Sinn des Junkers kannte.

Ihr Vater trat in diesem Augenblicke ein und rasch benutzte sie die günstige Gelegenheit, um aus dem Zimmer zu entschlüpfen. Sie floh fort aus dem Hause, um dem wilden Junker nicht wieder zu begegnen. Mitten auf der Haide zusammengekauert hinter einem Wachholderbusche saß sie da, um zu warten, bis der gefürchtete Mann das Haus wieder verlassen habe.

Bienen umsummten sie, Schmetterlinge flatterten von einer Blüthe zur andern, blaue Libellen ließen sich vom Lufthauche dahintragen. Alles ringsum athmete den tiefsten Frieden, das erfrischte Aufleben nach einer stürmischen Nacht, nur in ihrem Herzen war der Sturm auf's Neue angefacht und sie preßte die Hand auf das bange pochende Herz.

In dem engen Zimmer saß der Moorjunker neben dem Torfbauer. Er hatte den Wachholderbranntwein desselben nicht zurückgewiesen, denn nach der durchstürmten Nacht und dem frühen Ritte nach der Stadt bedurfte er einer Stärkung. Hastig hatte er einige Gläser geleert, seine Stimmung war indeß keine heitre geworden, denn Mariens Zurückweisung hatte ihn erbittert.

„Sie hat dies Geschenk nicht angenommen!" rief er, die Ohrringe unwillig auf den Tisch werfend. „Ihretwegen bin ich vor Sonnenaufgang zur Stadt geritten! Ich bin ein Thor gewesen, weil ich das Geld dafür weggeworfen habe."

Neugierig ergriff der Torfbauer die werthvollen Ohrringe und seine halbgeschlossenen Augen funkelten, als sie auf dem Golde ruhten. Er behielt sie in der Hand, weil er befürchtete, der Junker könne sie wieder zu sich nehmen.

„Sie wird schon zur Vernunft kommen, lassen Sie ihr nur etwas Zeit," erwiederte er.

„Ihr steckt der Bursch, der gestern Abend hier war, im Kopfe," fuhr der Junker fort.

„Er kommt nicht wieder. Ich habe ihm gestern Abend die Thür gewiesen und mit kurzen Worten gesagt, daß das Mädchen nie die Seine wird," bemerkte der Alte.

„Sie werden sich heimlich treffen," rief der Moorjunker. „Ich bin nicht dazu geschaffen, einem Mädchen süße Worte zu sagen. Hohgrebe, Ihr wißt, daß ich das Recht habe, Euch morgen aus diesem Hause zu jagen, allein sowohl dies Haus wie der Moorgrund, den Ihr von mir gepachtet habt, sollen Euer Eigenthum werden, wenn das Mädchen mein wird. Ich halte Wort. Nun macht, daß es bald geschieht, denn ich bin nicht gewöhnt, lange zu warten, wenn mich ein Verlangen erfüllt. Ihr wißt, mein Blut ist heiß!"

Die Augen des Torfbauers leuchteten.

„Ich werde thun, was ich vermag, allein ich kann das Mädchen nicht zwingen," entgegnete er. „Geben Sie nur den Versuch nicht auf, Mariens Gunst zu erwerben."

„Und weßhalb könnt Ihr sie nicht zwingen?"

„Weil sie mir nicht gehorchen würde. Das Mädchen hat seinen eigenen und festen Kopf."

Der Junker stand auf und durchmaß das enge Zimmer wieder mit aufgeregten Schritten. Sein ungeduldiges Blut wurde auf eine härtere Probe gestellt, als er erwartet hatte. Er wollte seinen Willen durchsetzen und doch besaß er keine Macht, des Mädchens Herz sich mit Gewalt zu erwerben.

„Sie würde Dich nicht zurückweisen, wenn sie nicht den Burschen liebte!" rief es in ihm. Es erbitterte ihn, daß sie einen armen Bienenzüchter ihm, dem Junker, vorzog und auf Heinrich richtete sich sein ganzer Groll.

In dieser Stimmung ritt er fort.

Der Torfbauer wartete, bis Marie in das Haus zurückkehrte, um ihr noch einmal vorzustellen, wie viele Vortheile für sie daraus erwachsen würden, wenn sie dem Wunsche des Junkers Gehör schenke.

Er rief sie zu sich in's Zimmer. Prüfend glitten seine Augen über ihr Gesicht hin.

„Marie," sprach er, „der Junker hat diese Ohrringe

für Dich zum Geschenke zurückgelassen. In Deinem Leben würdest Du nicht einen so schönen Schmuck bekommen haben. Häng sie ein, Mädchen, und schau in den Spiegel. Alle Mädchen werden Dich darum beneiden"

Er hatte die Eitelkeit seiner Tochter falsch berechnet. Marie warf kaum einen Blick auf die Ringe. "Ich nehme von dem Junker kein Geschenk an," entgegnete sie mit Entschiedenheit.

"Und weshalb nicht?" warf der Alte ein. "Ich meine, Du müßtest Dich geehrt dadurch fühlen!"

"Ich verzichte auf diese Ehre, denn ich habe dem Junker keine Veranlassung gegeben, mir etwas zu schenken, ohne Absicht schenkt Niemand etwas."

"Du hast recht," bemerkte der Alte, mit Geschmeidigkeit auf ihre Worte eingehend. "Der Junker hat auch die Absicht, Deine Liebe zu erwerben, er liebt Dich aufrichtig, will Dich zu seiner Frau machen und ich meine, eine so große Ehre ist Dir an der Wiege nicht gesungen."

"Ist es auch eine Ehre, die Frau eines so wüsten Mannes zu werden?" warf Marie ein. "Vater ich begreife nicht, wie Du mich überreden kannst, denn Du kennst den Junker so gut wie ich, vielleicht noch besser. Dem ärmsten Manne würde ich eher meine Hand reichen."

Das Auge des Torfbauers zuckte, seine Geduld ging

zu Ende, der Widerstand des Mädchens erbitterte ihn. Noch verfuchte er fich zu beherrschen.

„Er hat mir dies Haus und den Moorgrund, den ich von ihm gepachtet habe, als Eigenthum versprochen, wenn Du sein wirst," sprach er.

„Und dafür willst Du mich dem Manne verkaufen?" warf Marie ein. „Vater, sein Geld und seine Versprechungen haben Dich verblendet. Ich würde lieber sterben, als den wilden Junker heirathen."

„Dann sollst Du nie heirathen!" fuhr der Alte auf. „Dann magst Du zum Bettelstab greifen, denn der Junker hat gedroht, uns aus diesem Hause zu werfen."

Des Alten heftige Worte brachten Marie nicht aus der Fassung.

„Es braucht nicht ein Jeder, dem der Junker keine Wohnung giebt, zu betteln," entgegnete sie. „Arbeit wird überall bezahlt und an anderen Orten vielleicht besser wie hier. Ich schrecke vor der Arbeit nicht zurück."

„Und Du sollst ihn heirathen!" rief der Torfbauer aufspringend. „Ich bin Dein Vater und habe Dir zu befehlen. Ich habe die Macht, Dich zu verstoßen und aus dem Hause zu jagen."

Ruhig blieb Marie stehen, der Zorn ihres Vaters vermochte nicht, sie einzuschüchtern.

„Dann werde ich bei anderen Menschen ein Unterkommen finden," sprach sie.

Der Torfbauer eilte aus dem Zimmer. Er dachte

nicht daran, seine Drohung auszuführen, denn dadurch würde er sie nur dem Burschen, den er haßte, in die Arme getrieben haben. Er mußte auf andere Mittel sinnen, des Mädchens Widerstand zu brechen.

Der Junker kam an den folgenden Tagen wieder, er brachte neue Geschenke für Marie, allein diese wies dieselben mit fester Entschiedenheit zurück. Kaum war sie ndeß noch im Stande, dem ungeduldigen Drängen des Junkers auszuweichen. Bei ihrem Vater konnte sie keinen Schutz suchen und Heinrich hatte sie seit Tagen nicht gesprochen, weil sie sich fürchtete, das Haus zu verlassen.

Sie sehnte sich nach ihm, denn ihm allein konnte sie die Angst mittheilen, welche sie erduldet. Früh eines Morgens, als ihr Vater soeben das Haus verlassen hatte, um seine Arbeit zu beginnen, eilte auch sie fort zu dem Geliebten. Es war wieder ein wonnig stiller Morgen. So weit das Auge reichte, schimmerte das roth blühende Haidekraut und nur hier und da ragte ein grüner Wachholderbusch daraus hervor.

Bange ließ Marie den Blick umherschweifen, weil sie den Morjunker zu treffen befürchtete, sie eilte so rasch, daß ihr endlich der Athem fehlte. Glücklich erreichte sie indeß die kleine Besitzung ihres Geliebten. Sie erblickte Heinrich bei seinen Bienenstöcken, sie eilte auf ihn zu und mit einem Male von der Angst, welche ihr Herz zusammengepreßt hatte, befreit, warf sie sich an seine Brust.

Erschreckt war Heinrich bei ihrem Anblick zusammengefahren. Er sah ihre geröteten Wangen uud fühlte ihr Herz schnell an dem seinigen pochen.

„Marie, was ist geschehen?" rief er.

Mit kurzen Worten erzählte sie ihm, in welcher Weise sie von dem Junker und ihrem Vater bedrängt werde.

Heinrich zitterte vor Aufregung.

„Bleib bei mir!" rief er. „Hier sollst Du Schutz finden, denn nimmermehr wird sich der wüste Gesell, der Moorjunker hierher wagen!"

„Aber mein Vater würde mich zurückfordern und ich fürchte seinen Zorn," entgegnete Marie. „Der Junker hat ihm das Haus und den Moorgrund als Eigenthum versprochen, wenn ich sein werde, und er wird kein Mittel unversucht lassen. Die heftigsten Drohungen hat er gegen mich ausgestoßen!"

„Nur der Junker hat ihn dazu bewogen!" fiel Heinrich ein. „Glaubst Du denn, daß dieser wüste Mensch Dich wirklich liebt? Seine Leidenschaft würde schnell abgekühlt werden und dann würde er Dich verstoßen und verlassen."

„Ich habe meinem Vater gesagt, daß ich lieber sterben, als dem Junker meine Hand reichen würde!" entgegnete Marie.

„Du sollst auch nicht sterben!" rief Heinrich, sie fest an sich pressend. „Du wirst dennoch mein, harre nur muthig aus. Sieh, man sucht auch mich zu verderben, allein es muß schlimm kommen, ehe ich den Muth verliere. Seit einigen Tagen herrscht fast in all' meinen Stöcken unter den Bienen eine Seuche. Die Bienen sterben und die gesunden scheuen sich, in die Stöcke zurückzukehren. Zum ersten Male ist mir dies begegnet. Alle Stöcke habe ich untersucht, in ihnen liegt der Grund der Seuche nicht und die Haide ist gesund, eine Bubenhand steckt dahinter, um mich zu verderben. Mein Gewinn ist für dieses Jahr dahin, aber nicht der Verlust ist es, der mich so heftig schmerzt. Du weißt, wie ich an den Bienen hänge, von Jugend auf bin ich mit ihnen so vertraut und nun muß ich sie dahinsterben sehen, ohne ihnen helfen zu können — das schmerzt mich! Wehe aber der Hand, die dies Bubenstück ausgeführt hat!"

Marie fragte ihn, wie dies möglich sei, wodurch die Seuche hervorgerufen werden könne.

Heinrich klärte sie auf, daß dieselbe dadurch entstehe, wenn die Bienen Hefe, welche mit Honig oder Syrup vermischt sei, fräßen.

"Irgend einer hat an einer Stelle, wohin meine Bienen kommen, dies Gift für sie ausgestellt," fügte er hinzu. "Vergebens habe ich fast den ganzen gestrigen Tag die Haide durchstreift, um das Gift zu finden. Ein Feind von mir hat es gethan und ich kenne nur zwei Menschen, die mir feindlich gesinnt sind: der Moorjunker und Dein Vater!"

Marie erinnerte sich an die Drohung, welche der

Junker gegen Heinrich ausgestoßen hatte, und sie theilte ihm dieselbe mit.

„Ich wußte es, daß er es war," rief Heinrich. „Und doch habe ich ihm nie ein Leid zugefügt! Ich habe Grund, ihm zu zürnen! Hat er vielleicht Schaden dadurch, wenn meine Bienen auf seiner Haide den Honig sammeln? Sie kommen den seinigen nicht zu nahe, denn er besitzt keine. Er ist zu stolz und zu träge, sich der geringen Arbeit zu unterziehen, er treibt sich lieber in den Wirthshäusern umher und bringt die Zeit beim Spiel und in wüsten Gelagen hin. Ich werde mich überzeugen, ob er wirklich das Gift ausgestellt hat und dann werde ich ihn zu treffen wissen!"

„Weich ihm aus, Heinrich!" bat Marie. „Du kennst seinen wilden und rohen Sinn."

„Ich fürchte ihn nicht," entgegnete Heinrich. „Soll ich mich durch seine Bubenhand wehrlos in's Verderben stürzen lassen? Die Haide ist groß genug für uns alle, weshalb sucht er mir zu schaden! — Sieh, die Stöcke hier waren mein Stolz und meine Freude und jetzt ist kein einziger von ihnen mehr gesund! Ich werde die armen Thiere, welche er schändlich vergiftet hat, rächen!"

Alle Bitten Mariens vermochten nicht ihn von seinem Entschlusse abzubringen und mit noch größerer Angst im Herzen eilte sie wieder heim.

Der Junker hatte an diesem Morgen das Haus des Torfbauers verschlossen gefunden. Vergebens hatte er an die Thür gepocht. Anfangs glaubte er, Marie hätte sich versteckt, als sie indeß auf das heftigste Pochen nicht am Fenster erschien, stieg die Ahnung, daß sie zu ihrem Geliebten geeilt sei, in ihm auf. Wilder Zorn über den Widerstand des Mädchens bemächtigte sich seiner. Seine Leidenschaft war durch denselben fast bis zur Raserei getrieben und es kam ein ungebändigter Trotz, seinen Willen durchzusetzen, hinzu.

Er sprang auf's Pferd, um ihr nachzujagen. Vielleicht holte er sie noch in der Haide ein, oder er traf sie bei dem Burschen, dem ihr Herz gehörte. Aus den Armen desselben wollte er sie reißen! Er änderte indeß seinen Entschluß und sprengte zurück zur Moorburg.

Deutlich waren noch die Umrisse der alten Burg an den Mauertrümmern zu erkennen. Das alte Burgthor war freilich gänzlich zerfallen, die Zugbrücke, welche über den Graben führte, verschwunden. An ihrer Stelle war eine feste Brücke aus Holz errichtet, welche bereits wieder durch die Jahre morsch und baufällig geworden war.

Ohne auf die Lücken in den Brettern zu achten, sprengte der Moorjunker über dieselbe hinweg. Auf dem früheren Burghofe, welcher jetzt ein von Gras überwucherter Platz war, sprang er von dem Pferde und überließ dasselbe sich selbst. Rasch trat er in das einstöckige, zwischen zwei alten Mauern der Burg errichtete Haus, durch dessen zum Theil zerbrochene Fenster lustig der Wind pfiff.

Was kümmerte es ihn, ob dies Haus von Jahr zu Jahr mehr zerfiel, er war wenig darin und hatte vollkommen Raum in dem einen noch einigermaßen erhaltenen Zimmer, dessen Wände mit einigen Bildern seiner Ahnen, der alten Raubritter, geschmückt waren.

Außer ihm wohnte nur eine alte Frau, seine Haushälterin, in dem Hause und sie mochte die Fenster verstopfen, wenn der Wind, der durch dieselben pfiff, ihr nicht gefiel.

Mit erstaunter Miene trat ihm die Alte entgegen, denn sie war nicht gewöhnt, daß er um diese Zeit heimkehrte. Ohne sich um ihren überraschten Blick zu kümmern, schritt der Junker an ihr vorüber und trat in sein Zimmer. Die Haushälterin folgte ihm.

Sie war seit langen, langen Jahren in diesem Hause und stand zu dem Junker in einem eigenthümlichen Verhältnisse. Schon bei seinen Eltern war sie Magd gewesen, hatte gute und schlimme Tage mit denselben durchlebt und als sie endlich gestorben waren, hatte sie den wilden Junker nicht allein lassen mögen, denn sie wußte wohl, daß sich Niemand um ihn und das Haus kümmern werde, wenn sie davon gehe. Und wohin sollte sie auch gehen? Ihr eigenes Leben war mit der Moorburg verwachsen.

Lohn hatte sie freilich von dem Junker nie empfangen und sie machte auch keinen Anspruch mehr darauf, dafür glaubte sie aber in dem alten Hause mindestens eben so viele Rechte zu haben als der Junker, und mehr denn hundertmal hatte sie ihm bereits gesagt, die Ratten würden längst das ganze Haus fortgetragen haben, wenn sie nicht auf Ordnung halte. Der Junker Hans würde sich das freilich auch wenig zu Herzen genommen haben, ja wenn der Sturm das alte Gebäude sammt der alten Ursel vom Erdboden gefegt hätte, so würde er darin nur eine ganz willkommene Gelegenheit erblickt haben, auch die Nächte im Wirthshause zuzubringen.

„Ursel bring mein Zimmer in Ordnung," befahl er in ziemlich barschem Tone, indem er in das Zimmer eingetreten war.

Die Alte blieb auf der Schwelle stehen und ihr lauerndes Auge verfolgte jede Bewegung des Junkers, dessen Aufregung ihr nicht entging. Ein grinsendes Lächeln zog über ihr gelbes, zusammengeschrumpftes Gesicht.

„Haha! will der Junker vielleicht hier Gesellschaft geben?" fragte sie spottend. „Soll ich etwa neue Vorhänge aus der Stadt holen und neue Stühle kaufen, denn sie stehen alle bis auf einen einzigen nicht mehr fest. Soll ich einen neuen Spiegel auf Credit anschaffen, denn den alten hat der Herr Junker ja selbst zerbrochen!"

Unwillig mit dem Fuße aufstampfend unterbrach sie der Junker.

„Du sollst Ordnung hier schaffen!" rief er heftig.

„Seit Jahren nisten die Spinnen in den Ecken und durch die Fenster kann man kaum noch hindurchschauen."

„Hoho, ich möchte nur wissen, was der Herr Junker durch die Fenster auch schauen will, und die Spinnen haben ihn noch nie gestört. Sie verdecken mit ihrem Gewebe die Risse in den Wänden," bemerkte die Alte. „Für wen soll denn die Ordnung sein?"

„Zum Kuckuck, was kümmert es Dich!" fuhr der Junker heftig los. „Du thust, was ich Dir befehle!"

Das Auge der Alten zuckte.

„Und ich thue es nicht!" entgegnete sie. „Glaubt der Herr Junker, die alte Ursel sei so kurzsichtig geworden, daß sie nicht mehr zu errathen vermöge, für wen die Ordnung sein soll? Haha! Was hat denn der Herr Junker jetzt Tag für Tag in dem Hause des Torfbauern zu schaffen gehabt? hat er den Vater besucht oder die Tochter?"

Betroffen blickte der Junker sich um. Woher wußte die Alte von seinen Besuchen in dem Hause des Torfbauers?

„Habe ich Dir Rechenschaft über meine Wege zu geben?" fragte er heftig.

„Ich verlange keine Rechenschaft," fuhr die Alte fort, „allein für die junge Person mache ich keine Ordnung. Ich will nicht, daß sie hierherkommt, weil sie hier nichts zu suchen hat!"

„Bist Du der Herr dieses Hauses?" fragte der

Junker überrascht. War er auch an den eigensinnigen Kopf der Alten gewöhnt, so war sie ihm doch nie so entschieden entgegengetreten.

„Haha! der Herr dieses Hauses!" rief sie höhnend. „Das sind die Ratten, obschon auch sie nicht viel auf diese Herrschaft geben werden, denn hier müssen sie doch hungern."

„Schweig!" unterbrach sie der Junker aufgeregt. „Ich habe Dich lange genug hier geduldet, weil ich Mitleid mit Dir hatte, Du scheinst indeß Deine Stellung ganz vergessen zu haben!"

Die gebeugte Gestalt der Alten zuckte bei diesen Worten zusammen und richtete sich dann hoch auf. Einen Augenblick lang bewegte sie schweigend die Lippen, dieselben schienen ihr den Dienst zu versagen, dann gewannen dieselben die Kraft wieder.

„Ich, geduldet hier — aus Mitleid!" rief sie mit kreischender Stimme. „Ich, meine Stellung vergessen? Was ist denn meine Stellung? Ich habe den Herrn Junker gepflegt von Jugend auf und was ist mein Lohn dafür? Eine Närrin bin ich, daß ich nicht schon vor Jahren gegangen bin und den Herrn Junker und dies zerfallene Haus den Ratten überlassen habe! Ich bin aus Mitleid geblieben. Und ich bin immer gut genug für den Herrn Junker gewesen, wenn er mit wüstem Kopfe zu Haus kam und nicht einmal mehr seinem Pferde eine Handvoll Stroh vorwerfen konnte. Dann hat die

Ursel ihm beigestanden und sie hat noch zusammengehalten, was noch zusammenzuhalten war. Und jetzt, da dem Herrn Junker die junge Person im Kopfe steckt, bin ich nicht mehr gut genug! Nun, ich kann heute noch gehen, allein ich gehe direct zu dem Torfbauer und erzähle ihm, wo sein Sohn, der Georg, geblieben ist, den er so lange vergebens gesucht hat!"

Der Junker hatte sich bei der kreischenden Rede der Alten in einen Sessel geworfen, allein kaum trafen ihre letzten Worte sein Ohr, so sprang er bestürzt auf und das Blut wich aus seinen Wangen. Dicht trat er an die Alte heran, seine Rechte erfaßte ihren Arm und hielt denselben krampfhaft fest.

„Was weißt Du über den Sohn des Torfbauers?" fragte er und seine Stimme bebte.

Die Alte blickte ihn mit blinzelnden Augen an, als weide sie sich an seiner Bestürzung.

„Haha! Ich weiß nur wo er geblieben ist," entgegnete sie. „Und ich kann dem Torfbauer die Stelle zeigen, wo er ihn zu suchen hat."

„Sprich, was weißt Du?" rief der Junker, noch immer den Arm der Alten fest umklammert haltend.

„Nichts weiß ich weiter," fuhr die Alte fort. „Der Herr Junker hat mir ja nichts davon erzählt und erweiß es doch am besten. Mein Mund hat die Jahre hindurch geschwiegen, allein ich meine, wenn der Torfbauer davon erfährt, wird er nicht schweigen, denn sein Herz hing an dem Burschen und es war auch Schade um ihn, daß er in dem Moor zu Grunde gehen mußte! Es war Schade!"

Kraftlos ließ der Junker die Hand los und sank in den Sessel zurück. Er konnte nicht mehr zweifeln, daß die Alte um das Geheimniß, welches er so fest in sich verwahrt hatte, wußte, wenn es ihm auch räthselhaft blieb wie sie dasselbe erfahren hatte. Die Angst trieb ihm die Schweißtropfen auf die Stirn.

„Ich bin nicht Schuld daran," rief er, „ich nicht! Wer kann gegen mich auftreten? Wer mich anklagen? Wer war in jener Nacht dabei? Es war still auf der Haide, still, und auf dem Moore war es noch stiller!"

Die Alte schwieg. Ihr lauernder Blick ruhte fest auf dem Gesichte des Junkers. Die Qualen, welche derselbe erduldete, rührten sie nicht.

„Er ist durch eigene Schuld in den Moor gestürzt," fuhr der Junker fort. „Ich habe ihn nicht hineingestoßen, ich nicht!"

Die Alte schwieg noch immer. Es lag in ihrem Schweigen etwas Unheimliches. Sie wußte, daß sie den wilden Junker jetzt vollständig in ihrer Gewalt hatte, daß es nur eines Wortes von ihr bedurfte, um ihn zu zähmen, und dies Gefühl des Uebergewichtes freute sie.

„Wird auch der Torfbauer dies glauben?" warf sie endlich ein. „Wird auch das Gericht es glauben?"

„Schweig!" rief der Junker heftig, denn der Gedanke an das Gericht machte ihm das Blut erstarren.

Er war in der That an dem Tode des verschwundenen Burschen unschuldig, allein womit konnte er seine Unschuld beweisen, da kein Mensch zugegen gewesen war? Und er fühlte, daß er durch sein jahrelanges Schweigen den Verdacht eines Mordes auf sich geladen hatte, den er durch nichts entkräften konnte.

„Sieh, in jener unheilvollen Nacht, in welcher der Bursch das Leben verlor, wollte ich noch spät zur Haideschenke gehen. Ich wählte den kürzeren Weg durch den Moor. Plötzlich sah ich einen Mann mir entgegenkommen. Erst als derselbe sich mir bis auf zehn Schritte genähert hatte, erkannte ich, daß es der Sohn des Torfbauers war. Wir befanden uns auf jenem schmalen Wege, der kaum für einen Menschen Raum bietet. Ein Ausweichen war in der Dunkelheit der Nacht gefährlich. Ich rief dem Burschen zu umzukehren, bis der Weg breiter werde, er weigerte sich, indem er behauptete, auf dem Wege habe Niemand etwas zu suchen, denn sein Vater habe den Moor gepachtet. Ich war noch weniger gesonnen, zurückzuweichen, denn mir gehört ja der Moor. Eine Zeitlang standen wir kaum zwei Schritte von einander entfernt uns gegenüber. Noch einmal befahl ich ihm, umzukehren, da stürzte er auf mich zu. Bestürzt wich ich zurück, er strauchelte, suchte sich aufzuraffen und stürzte seitwärts vom Wege in den Moor. Sein lauter Aufschrei verrieth mir die Gefahr, in der er sich befand, als ich indeß hinzusprang, um ihn zu erretten, hatte die Decke des Moores

sich bereits über ihn geschlossen und ich vermochte in dem
Dunkel nicht einmal die Stelle, an der er versunken war,
genau zu erkennen. Erschreckt eilte ich zurück. Mein
Verlangen nach der Haideschenke war geschwunden. Ent-
setzlich klang mir der Schrei des Unglücklichen in den
Ohren wieder. Ich schwieg über seinen Tod. Ich war
der einzige Zeuge desselben, und wenn der Verdacht gegen
mich aufgestiegen wäre, daß ich den Unglücklichen in den
Moor gestoßen, so hätte ich keinen Beweis für meine Unschuld gehabt."

Auf dem Gesichte der Alte lag noch immer dasselbe
lauernde, grinsende Lächeln.

„Der Torfbauer würde jedenfalls den Verdacht fassen,"
bemerkte sie. „Er hat seinen Sohn lange gesucht — es
war ein schmucker Bursch!"

„Sei still von ihm!" rief der Junker. „Ich kann
an jene Nacht nicht ohne Entsetzen denken, es ist, als ob
ich den Todesschrei des Unglücklichen vernehme — ich will
nichts mehr über ihn hören! — Woher weißt Du dies
Alles?"

Die Alte schwieg mit verschmitztem Lächeln.

„Woher weißt Du es?" wiederholte der Junker.

„Der Herr Junker weiß, daß mir Alles bekannt
ist," entgegnete die Alte. „Damit muß sich der Herr
Junker begnügen. Die alte Ursel weiß mehr als Mancher
glaubt, ihr Mund versteht nur zu schweigen und kein
Mensch wird ihr ein Geheimniß entlocken, wenn sie dasselbe

nicht mittheilen will. Haha! Mein Auge sieht weit — weit!"

In Gedanken versunken saß der Junker da. Es war ihm räthselhaft, woher die Alte die Kenntniß hatte. Kein Auge war in jener Nacht Zeuge des entsetzlichen Unglücks gewesen, kein Ohr außer dem seinigen hatte den Todesruf des Burschen vernommen. Scheu glitt sein Auge über die Alte hin, als besäße sie übernatürliche Kräfte, als könnte ihr blinzelndes Auge durch das Dunkel der Nacht hinblicken.

Keine Ahnung stieg in ihm auf, daß er durch den entsetzlichen Fall auf das Höchste erregt selbst im Traume Alles verrathen hatte und daß die Kenntniß der Alten, die ihn belauscht hatte, nur daher rührte. Er wußte freilich nicht, daß er, als er in jener Nacht heimgekehrt war und sich unausgekleidet auf sein Lager geworfen hatte, im Schlafe gesprochen und daß die Alte die abgerissenen Worte zusammengefügt hatte.

Mitten in seinen düstern, beängstigenden Gedanken stieg Mariens liebliches Bild vor ihm auf. Er konnte von dem Mädchen nicht lassen. „Du bist ein Thor, daß Du dich von der Alten schrecken läßt," rief es in ihm. „Du hast den Burschen nicht in den Moor gestoßen! Wer kann sagen, daß Du es gethan."

„Ursel!" rief er aufspringend. „Das Mädchen muß mein werden. Ich kann und will ohne dasselbe nicht leben! Geh' hin zu ihrem Vater und sag ihm, was Du weißt, allein hüte Dich, daß Du nicht ein Wort mehr sagst, hüte Dich! Ich will mich nicht durch das Gespenst des Todten schrecken lassen! Was geht mich der Bursch an! Ich habe nie einen Streit mit ihm gehabt, ich war ihm nicht feindlich gesonnen und hatte nicht die geringste Ursache ihm ein Leid zuzufügen. Meine ganze Thorheit besteht darin, daß ich damals geschwiegen habe!"

„Ich weiß nicht, wie der Torfbauer denkt," erwieberte die Alte halb ausweichend, „allein ich zweifle doch, daß er dem Herrn Junker seine Tochter geben wird! Und wird denn die Tochter den Herrn Junker auch lieben?"

„Sie soll mich lieben!" rief der Moorjunker. „Ursel," fuhr er einlenkend fort, „einen neuen Rock, nein zwei neue Röcke schenke ich Dir, wenn Du meinem Plane nicht entgegentrittst. Das Mädchen liebt den jungen Burschen, den Bienenzüchter, es ist mit ihm versprochen und will nicht von ihm lassen."

Die Alte horchte überrascht auf.

„Mit Heinrich?" fragte sie.

„So heißt der Bursch. Auch der Torfbauer ist dagegen, daß sie ihn heirathet. Ich gönne sie dem Burschen nicht."

„Auch ich nicht," rief die Alte. „Weshalb hat mir der Herr Junker dies nicht sogleich gesagt! Der Bienenzüchter soll sie nicht haben — ich hasse ihn. Haha! Mag der Herr Junker mit dem Mädchen machen, was er will, mich kümmert es nicht. Ich werde dies Zimmer in

Ordnung bringen, ich werde es so gut herrichten, daß das Mädchen sich hier wohl fühlt, wenn dies überhaupt zwischen diesen alten Mauern möglich ist!"

Sie verließ das Zimmer. Ueberrascht blickte Hans ihr nach, denn er begriff nicht, wodurch die plötzliche Sinnesänderung der Alten hervorgerufen war. Er wußte nicht, daß sie Heinrich haßte, und noch weniger, worauf sich dieser Haß gründete. Die Alte hatte einst Heinrichs Vater geliebt und sich mit der festen Hoffnung getragen, daß er sie heirathen werde. Als er indeß ein anderes Mädchen ihr vorgezogen, hatte ihre Liebe sich in den glühendsten Haß verwandelt. Sie haßte den früheren Geliebten, dessen Weib und Sohn und selbst die langen Jahre hatten nicht vermocht, ihren Groll zu mildern. So oft sie an ihr verfehltes, freudenleeres Leben dachte, drängte sich ihr zugleich der Gedanke auf, wie glücklich sie hätte werden können, wenn Heinrichs Vaters sein ihr in heiterer Stunde gegebenes Versprechen gehalten hätte. An dem Sohne wollte sie wenigstens die Wortbrüchigkeit des Vaters rächen, dieser sollte das Mädchen, welches er liebte, nicht heimführen, sie wollte das Glück desselben zerstören, wie einst ihr eigenes Glück vernichtet war.

Der Junker sah sich dem Ziele seiner Wünsche bereits näher, weil er von der Alten keinen Widerstand mehr zu erwarten hatte und die Ungeduld trieb ihn hinaus auf die Haide. Rasch jagte er durch dieselbe hin, der Haideschenke zu. In der Ferne erblickte er Heinrich, der aufmerksam suchend durch die Haide hinschritt. Er lachte wild auf.

„Haha! Er wird die Quelle suchen, aus welcher seine Bienen den neuen Honig zusammentragen!" rief er. „Mag er sie finden. Wer will mich hindern, auf meinem Grund und Boden solches Futter auszusetzen? Mag er seinen Bienen die Weisung geben, meine Grenze nicht zu überschreiten, sie haben nichts auf meiner Haide zu suchen!"

Lachend sprengte er weiter.

Auch Heinrich hatte ihn erblickt und streckte drohend die Hand gegen ihn aus. Er wußte, daß nur der Junker die armen Bienen vergiftet hatte, um ihm Schaden zuzufügen. Vergebens suchte indeß sein scharfes Auge auf der weiten Haide, um das Gift zu finden. Er folgte dem Fluge der Bienen, welche mit Honig und Wachs beladen zu den Stöcken heimkehrten und denen, die hinausflogen, um das Sammelwerk von Neuem zu beginnen. Welchen sollte er folgen? Konnten nicht viele der fleißigen Thiere bereits den sicheren Tod in sich tragen? Der Gedanke, daß er nicht im Stande war, ihnen zu helfen, trieb ihn fast zur Verzweiflung.

Ohne Erfolg kehrte auch er endlich heim.

Mehrere Tage waren verflossen.

Der Moorjunker hatte sich in dem Hause des Torfbauern nicht wieder blicken lassen und Marie gab sich der Hoffnung hin, daß er es aufgegeben, ihr Herz zu gewinnen. Auch ihr Vater sprach nicht von dem Junker. Hätte sie ihn besser gekannt, so würde gerade dies Schweigen Besorgniß in ihr erweckt haben, so legte sie dasselbe zu ihren Gunsten aus.

Mußte nicht auch ihr Vater endlich zu der Ueberzeugung kommen, daß sie den wüsten Junker nimmer lieben könne, daß es unmöglich sei, mit ihm glücklich zu werden. Mochte derselbe ihm auch noch so viel versprochen haben, wer gab ihm Gewißheit, daß der Junker sein Wort hielt!

Um so mehr dachte sie an Heinrich, den sie auch in den letzten Tagen nicht wiedergesehen hatte. Da ließ sie derselbe durch seine Mutter bitten, beim Hereinbrechen des Abends ihn an einer stillen Stelle in der Haide zu erwarten. Erfreut sagte sie zu, denn sie sehnte sich nach ihm und wünschte auch ihn zu beruhigen, da, wie sie durch seine Mutter erfahren hatte, fast die Hälfte der Bienen ihm gestorben war.

Nie war ihr der Tag so lang geworden. Sie zählte die Stunden nach Minuten und jede schien sich ihr zur Ewigkeit auszudehnen.

Ihr Vater kam an diesem Tage früher von der Arbeit, allein er schien ihre Unruhe nicht zu bemerken, denn ermüdet streckte er sich in dem alten Lehnsessel aus. Kaum ein Wort sprach er mit ihr. Einige Zeit lang saß sie still neben ihm im Zimmer. Hätte er aufmerksam gelauscht, so würde er das unruhige Pochen ihres Herzens gehört haben.

Die Sonnenstrahlen, welche durch das kleine Fenster drangen und einen goldigen Schein an die Wand warfen, mahnten sie endlich, aufzubrechen, um den Geliebten nicht warten zu lassen. Leise verließ sie das Zimmer und das Haus. Kaum hatte sie indeß die Haide erreicht, so eilte sie schnell dem verabredeten Orte zu. Ihre Wangen glühten, ihr Herz pochte unruhig, jede Minute, welche sie zu spät kam, schien ihr eine verlorene zu sein, denn sie kürzte die Zeit, welche sie an der Seite des Geliebten zubringen konnte.

Schon brach die Dämmerung herein.

Sie hatte den verabredeten Ort erreicht, Heinrich war noch nicht dort und so sehr sie auch ihr Auge anstrengte, so vermochte sie ihn nicht zu erblicken. Hundert Fragen, weshalb er noch nicht erschienen sei, drängten sich ihr auf. Sollte er sich weniger nach ihr sehnen, wie sie nach ihm? Das war unmöglich.

Minute auf Minute verrann, ohne daß er kam, der Abend brach immer mehr herein. Angst erfaßte sie. Konnte ihm nicht ein Unglück begegnet sein? Stets noch war er früher gekommen, als er versprochen hatte.

Von Besorgniß getrieben schritt sie langsam in der

Richtung, in welcher er kommen mußte, weiter, fest entschlossen, bis zu seinem Hause zu eilen, wenn er nicht kommen sollte. Die Angen schmerzten, so sehr hatte sie dieselben angestrengt, um seine Gestalt in dem Halbdunkel zu erkennen.

Plötzlich vernahm sie ein Geräusch hinter sich. Erschreckt zuckte sie zusammen als sie sich umwandte, denn ein Reiter stürmte heran und dieser Reiter war der Moorjunker. Die Bestürzung raubte ihr die Kraft zu fliehen. Was würde die Flucht ihr auch genützt haben, da er sie auf dem schnellen Pferde in wenigen Minuuten einholen mußte.

Wenige Augenblicke später hielt der Junker neben ihr und sprang vom Pferde.

„Ha! Treffe ich Dich endlich wieder!" sprach er an das erschreckte Mädchen herantretend und die Hand desselben erfassend. „Ich habe mich nach Dir gesehnt, Tag und Nacht. Ich bin nicht wieder in das Haus Deines Vaters gekommen, weil ich Deinem Herzen Zeit lassen wollte. Marie, ist es endlich ruhiger geworden, ist es mir jetzt günstiger?"

Vergebens suchte Marie ihre Hand aus der seinigen zu befreien.

„Nein, nein! Ich lasse Deine Hand nicht!" rief er immer leidenschaftlicher werdend und seine leuchtenden Augen ihr nähernd. „Du mußt mein werden, denn ich liebe Dich, ich kann ohne Dich nicht leben! Sprich willst Du mein sein?"

"Nie! Nie!" rief das Mädchen, alle Kräfte zusammenraffend, mit bebender Stimme.

"Haha! Nie!" wiederholte der Junker mit wildem Lachen. "Glaubst Du mir trotzen zu können! Ich will Dein Herz zwingen, mich zu lieben! Ein thörichtes Mädchen soll meinen Willen nicht durchkreuzen! Oder bin ich Dir vielleicht zu gering? Ist der Bursch, dem Dein Herz gehört, vielleicht besser? Kann er Dir mehr bieten als ich, der Junker!"

Marie vermochte in ihrer Angst nicht zu antworten, sie wandte nun alle Kräfte auf, um ihre Hand aus der seinigen zu befreien.

"Lassen Sie mich los!" rief sie endlich.

"Nimmermehr! Erst sage, ob Du die Meinige werden willst?"

"Nie!"

"Dann werde ich Dich zwingen! Du mußt es werden!" rief der Junker mit wilder Leidenschaft und hob das schwache Mädchen empor.

Marie stieß einen lauten Hülferuf aus, derselbe verhallte ungehört auf der weiten Fläche.

"Haha! Schrei! Schrei!" rief der Junker, sie fest an seine Brust pressend. "Dein Ruf müßte weit bringen, ehe er das Ohr eines Menschen erreichen wollte! Jetzt bist Du mein und Niemand soll Dich mir entreißen!"

Die Sinne des unglücklichen Mädchen schwanden. Der Junker hob sie auf das Pferd, schwang sich dann selbst hinauf, stieß dem Thiere die Sporen in die Flanken und jagte wild mit ihr über die stille Haide hin.

In seiner Brust jauchzte eine dämonische Lust auf. Sein war jetzt das Mädchen, das er so glühend liebte, sein Arm hielt es umfangen und wer wollte ihm die süße Beute wieder entreißen. Das Blut der alten Raubritter rann heiß durch seine Adern. Freudiger konnten sie einst mit der reichsten Beute nicht zu der alten Moorburg heimgekehrt sein.

Schon sah er die dunklen Umrisse derselben, noch wenige Minuten und er konnte das geliebte Mädchen in sein Haus hineintragen. Das Pferd sprengte über die morschen Bretter der alten Brücke und wenige Augenblicke später hielt er vor seinem Hause.

Das unglückliche Mädchen war noch immer nicht aus der Ohnmacht erwacht. Mit leichter Mühe trug er die Bewußtlose auf seinen Armen in das Haus und sein Zimmer. Die alte Ursel leuchtete und ein grinsendes Lächeln zuckte über ihr Gesicht hin. Sie dachte nur daran, wie durch diese That das Glück des ihr verhaßten Burschen vernichtet werde.

Hans hatte die Bewußtlose in dem alten Sessel niedergelegt. Der Strahl des Lichtes, welches die Alte in der Hand hielt, fiel hell auf die bleichen Züge des Mädchens und mit glühenden Blicken ruhten des Junkers

Augen auf denselben. Er hatte sie nie so schön gesehen. Die feingeschnittenen Lippen waren fest geschlossen, ein leidender Zug sprach aus dem Gesichte der Unglücklichen.

„Sie ist hübsch," sprach die Alte, indem sie neugierig des Mädchens Züge beleuchtete. „Wie klein die Hände sind, wie voll das Haar ist! Der Herr Junker hat keinen schlechten Geschmack! Und welche Augen sie machen wird, wenn sie erwacht, wenn sie das Zimmer des Herrn Junkers schaut! Es ist schade, daß der Herr Junker den alten Spiegel zerbrochen hat!"

„Schweig!" rief Hans unwillig. „Hole Wasser," fügte er befehlend hinzu, denn die lang anhaltende Ohnmacht des Mädchens fing an, ihn zu ängstigen.

„Solch junges Blut stirbt nicht so schnell," erwiederte die Alte, kam indeß dem Befehle nach und brachte Wasser.

Der Junker besprengte das Gesicht der Bewußtlosen und befeuchtete die Schläfe und Stirn derselben.

Endlich begann des Mädchens Busen sich langsam zu heben und ihre Augen öffneten sich. Langsam richtete Marie sich empor und blickte sich erstaunt um. Die Erinnerung des Geschehenen war offenbar nicht erwacht und sie wußte nicht, ob nicht Alles nur ein Traum sei. Des Junkers glühendes Auge rief das volle Bewußtsein in ihr wach, denn mit einem lauten Angstschrei fuhr sie empor.

Des Junkers Arm hielt sie zurück.

„Bleib, bleib!" rief er. „Jetzt bist Du mein. Von

hier kannst Du nicht mehr entfliehen, hier hört kein Ohr Deinen Hülferuf, denn die Moorburg liegt einsam. Aber sei ruhig, sei ohne Angst! Kein Leid soll Dir zugefügt werden, wenn Dein Herz mir gewogen ist. In diesen Räumen sollst Du herrschen, jeden Willen will ich Dir erfüllen, keinen Wunsch Dir versagen, der wilde Junker will Deinen Worten gehorchen wie ein folgsames Kind!"

„Ich will fort — fort!" rief Marie, mehr vermochte sie nicht hervorzubringen.

„Nimmermehr!" rief der Junker. „Glaubst Du, ich habe Dich mit Gewalt hierher geführt, um Dich wieder fortfliegen zu lassen wie einen Vogel aus dem Käfig! Haha! Du kennst die Moorburg noch nicht! Ihre Mauern sind zwar zerfallen, dennoch ist sie so sicher wie das beste Gefängniß; auch in sie führt nur ein Weg. Oder glaubst Du, daß Dein Fuß leicht genug sei, über den Moor, der sie umgiebt, hinzueilen? Du würdest rettungslos in ihm versinken, wie sicherlich schon manches Menschenleben in ihm zu Grunde gegangen ist. Du wirst nicht so thöricht sein und an Flucht denken, wo Flucht unmöglich ist!"

Des Mädchens Angst steigerte sich von Minute zu Minute. Vergebens richtete es sein Auge hülfesuchend auf die Alte. Das Gesicht derselben blickte ihr höhnisch lächelnd entgegen.

„Sei nur ruhig, mein Täubchen," sprach sie. „Mit dem Bienenzüchter ist es vorbei. Der wird sich beruhigen und ein anderes Mädchen heimführen. Sei still. Es ist zwar unheimlich zwischen diesen alten Mauern, wenn der Sturm über die Haide hinfährt und durch die zerbrochenen Fenster pfeift, allein der Herr Junker wird Dir ja Gesellschaft leisten!"

Der Junker bemerkte, welchen schlimmen Eindruck diese Worte auf Marie hervorbrachten, und gab der Alten ein Zeichen, das Zimmer zu verlassen.

"Sei ohne Furcht, Marie," sprach er, die Geängstigte beruhigend. "Du sollst Dich hier nicht allein fühlen. Ich weiß, daß man mich den wilden Junker nennt, ich bin auch oft wild gewesen, weil ich kein Herz hatte, an das ich mich hätte anschließen können, ich werde ein Anderer werden, wenn Du hier bleibst. Was sollte ich allein in diesem Hause, es trieb mich hinaus in die Haide oder unter Menschen. Das Alles wird nun anders."

Er erfaßte Mariens Hand, allein unwillig entzog sie ihm dieselbe.

"Sträube Dich nicht, Mädchen, denn Du bist in meiner Gewalt!" rief er und versuchte sie zu umfassen.

Marie sprang auf und stieß ihn so heftig zurück, daß er gegen den Tisch taumelte. Der Tisch stürzte um und das auf ihm stehende Licht verlöschte.

"Hoho! Mädchen! Mit Gewalt richtest Du mir gegenüber am Wenigsten aus!" rief der Junker aufgebracht und suchte Marie zu erfassen.

Diese hatte den Augenblick benutzt und war in der Dunkelheit ungesehen aus dem Zimmer geeilt.

Die Alte trat durch das Geräusch herbeigerufen ein.

„Bring Licht!" rief der Junker, indem er in der Dunkelheit umhertastete, um das widerstrebende Mädchen zu erfassen.

Die Alte brachte Licht.

Ueberrascht fuhr der Junker zurück, als er Marie nicht mehr erblickte.

„Wo ist sie?" rief er bestürzt.

„Haha! Weiß ich es!" entgegnete die Alte. „Der Herr Junker war ja mit ihr allein im Zimmer, er wird doch den hübschen Vogel nicht wieder haben entfliegen lassen! Zum zweiten Male geht ein Vogel nicht so leicht in das Netz."

„Sie ist entflohen!" rief der Junker. „Noch kann sie indeß nicht weit gekommen sein. Ich muß sie wieder einholen, denn es führt ja nur ein Weg aus der Moorburg!"

„Und wenn sie nun diesen Weg nicht genommen hätte, wenn sie sich dem Moore anvertraut? Wer kann ihn in der Nacht erkennen!" warf die Alte ein.

„Sei still!" unterbrach sie der Junker heftig, denn der Gedanke, daß das Mädchen in dem Moore zu Grunde gehen könne, erfüllte ihn mit Entsetzen. „Ist sie in dem Moore versunken, so folgst Du ihr nach, denn durch Deine Worte ist sie verscheucht!"

Die Alte lachte laut auf.

„Ei, ei, Herr Junker, vor mir wird sie sich am we=

nigsten gefürchtet haben," entgegnete sie. „Es schien mir nicht, als ob sie auf die süßen Worte des Herrn Junkers mit besonderm Wohlgefallen gelauscht hätte! Der wilde Herr Junker ist unter den jungen Mädchen nicht so beliebt, daß sie sich gern von ihm entführen ließen."

Ohne ihr zu antworten, stieß der Junker sie zur Seite und stürzte aus dem Zimmer und dem Hause. Vergebens blickte sein Auge nach der Entflohenen suchend umher. Nur die alten Mauerreste der Burg blickten ihn gespenstisch entgegen, und zeichneten sich dunkel am Himmel ab. Lauschend stand er still, weil er jeden Augenblick befürchtete, einen Todesschrei vom Moore her zu vernehmen — es blieb still. Laut rief er Mariens Namen — keine Antwort erfolgte.

Verzweiflung erfaßte ihn. Nur auf einem Wege konnte das Mädchen entflohen sein und auf ihm mußte er ihr folgen. Er suchte nach seinem Pferde, auch dieses fand er nicht. Ohne Zögern stürzte er fort, der Flüchtigen nach. Die Füße zitterten ihm vor Aufregung. Unzählige Male war er über die morsche Brücke gegangen und in voller Hast darüber gesprengt, ohne Unfall zu nehmen, jetzt strauchelte sein Fuß zwischen den Brettern, da sein Auge nur in die Ferne gerichtet war, und mit lauter Verwünschung stürzte er nieder.

Er versuchte wieder emporzuspringen, allein das Bein schmerzte ihn heftig. Da sah er die Gestalt des Mäd=

chens über die Haide hineilen und den Schmerz vergessend, raffte er sich auf, ihr zu folgen.

Alle Kräfte mußte er zusammennehmen, denn der Fuß versagte ihm fast den Dienst, aber die Gestalt der Flüchtigen gab ihm Muth, er mußte und wollte sie einholen und mit Gewalt zur Moorburg zurückbringen. Dies Mädchen sollte seinen Willen nicht zu Schanden machen!

Mit Schrecken nahm er wahr, daß Marie den kürzeren aber gefährlichen Weg durch den Moor einschlug, um das Haus ihres Vaters zu erreichen. Warnend rief er ihr zu, allein sein Ruf diente nur dazu ihren Lauf noch mehr zu beeilen. Er strengte alle Kräfte an, um sie rechtzeitig zu erreichen.

Ein glückliches Geschick hatte Marie, als sie aus dem Zimmer des Junkers geflohen war, den rechten Weg finden lassen und unaufhaltsam eilte sie weiter, denn sie wollte lieber sterben, als zum zweiten Male in die Gewalt des wilden Mannes kommen.

Aber auch ihre Kräfte drohten zu schwinden, da fachte der Ruf des Junkers sie auf's Neue an. Sie wußte nun, daß sie verfolgt wurde und die Angst trieb sie weiter. Um das Haus ihres Vaters bald zu erreichen, wählte sie den kürzeren Weg durch den Moor, denn sie fürchtete den Junker mehr als diesen.

Wieder hörten sie des Junkers Stimme hinter sich und angstvoll stürzte sie auf dem schmalen gefährlichen

Pfade weiter. Plötzlich tauchte auch vor ihr eine dunkle Gestalt auf. Mit gedämpftem Aufschrei fuhr sie zurück, die Sinne drohten ihr zu schwinden, ehe sie indeß bewußtlos zusammenbrach, hatten sie zwei feste und liebe Arme umfaßt und hielten sie fest.

Es war Heinrich. Vergebens hatte er an der bestimmten Stelle in der Haide auf sie gewartet. Er war dann zu dem Hause des Torfbauers geeilt, hatte verstohlen durch das Fenster in das kleine Zimmer geblickt und war dann auf dem Wege durch den Moor zurückgeeilt, in der Hoffnung, die Geliebte doch noch zu treffen, bis sie ihm unerwartet entgegenstürzte und er kaum noch Zeit gewann sie in seinen Armen aufzufangen.

Die Hast der Geliebten, die Stimme ihres Verfolgers, welche auch er gehört hatte, verriethen ihm Alles — er wußte, daß der wilde Junker sie verfolgte.

In Angst und Aufregung folgte der Junker dem Mädchen auf dem engen Pfade. Auf demselben Wege war er einst ihrem Bruder begegnet und seltsamer Weise fuhr ihm gerade in diesem Augenblicke die Erinnerung an den Burschen, der in dem Moore sein Leben verloren hatte, durch den Kopf hin. Unwillig zuckte er erschreckt zusammen, allein er bot Alles auf, um den Gedanken von sich abzuschütteln und das Mädchen zu erreichen.

Da vernahm er Mariens Aufschrei. Entsetzt hielt er an. War das nicht der Todesschrei des unglücklichen Burschen! Nein, seine aufgeregte Phantasie mußte ihn getäuscht haben! Oder wenn dem Mädchen selbst ein Unglück zugestoßen wäre! Dieser Gedanke trieb ihn vorwärts.

Das Blut trieb wild aufgeregt durch seine Adern hin. Er konnte den Blick nur wenig vorwärts richten, weil er auf den Weg achten mußte, um keinen Fehltritt zu thun. Plötzlich blickte er auf. Kaum drei Schritte von ihm entfernt stand die hohe Gestalt eines Burschen. Entsetzt prallte er zurück. Er dachte nur an den Unglücklichen, der ihm hier einst begegnet war. War es dessen Geist, der aus dem Moore aufgetaucht war, um der Schwester zu Hülfe zu kommen? Das Blut drängte sich in seine Schläfe, ihn schwindelte. Gewaltsam suchte er sich zu fassen, allein die Hand, welche er ausstreckte, um sich zu halten, griff in die Luft, sein Fuß taumelte von dem schmalen Pfade auf die trügerische Decke des Moores. Er wollte sich emporraffen und sank nur noch tiefer.

"Hülfe! Hülfe!" rief er in Todesangst, immer tiefer hinabgezogen.

Erschreckt legte Heinrich Marie nieder und sprang hinzu, um den Unglücklichen zu retten — er kam zu spät. Ein gellender Schrei drang ihm noch entgegen, dann schloß sich die tückische Decke über ihrem Opfer — der Moorjunker war unrettbar verloren.

Auf seinen Armen trug Heinrich Marie in das Haus ihres Vaters. Die schreckliche Kunde, welche er brachte, ließ den Zorn des Torfbauers gegen ihn nicht aufkommen. Des Junkers wilder Sinn hatte sich in entsetzlicher Weise selbst gerichtet. Was ihn in den Moor getrieben hatte, wußte Niemand.

Mit Entsetzen vernahm Marie, als sie wieder zu sich kam, die Kunde von dem Tode des Junkers. Mit kurzen Worten erzählte sie, wie der Junker sie gewaltsam entführt hatte und durch welchen Zufall es ihr gelungen war, zu entfliehen.

Heinrich blieb in dem Hause des Torfbauers, um gemeinschaftlich mit ihm am folgenden Morgen nach dem Körper des Junkers im Moore zu suchen. Mit Stangen und Stricken zogen sie hinaus, als kaum die Sonne am östlichen Himmelssaume emporstieg. Vergebens suchten sie die Stelle, an welcher der Moor den Junker verschlungen hatte. Keine Spur in der tückischen Rasendecke verrieth ihnen dieselbe. Nur ungefähr vermochte Heinrich den Ort zu bezeichnen.

Unabläſſig und unermüdlich tasteten sie mit der Stange nach einem festen Gegenstand. Mit einem Haken zogen sie denselben empor. Ein menschlicher Körper von dem Moorwasser geschwärzt, kam zum Vorschein.

„Er ist es!" rief Heinrich und verdoppelte seine Anstrengung. Sie zogen den Todten auf den Pfad. Kaum hatte indeß der Torfbauer den Todten näher betrachtet, so fuhr er mit dem lauten Schrei: „Allmächtiger Gott! Es ist Georg, mein Sohn!" zurück.

Er hatte sich nicht geirrt. Es war der seit Jahren Vermißte. Deutlich war er an seiner Kleidung zu erkennen, der Moor hatte selbst seine Gesichtszüge noch erhalten. Auf dem von schwarzen Moorwasser triefenden Haar saß noch die Mütze. In der Tasche trug er noch sein Messer und die wenigen Geldstücke, welche er aus der Haideschenke mit heimgebracht hatte.

Heinrich und der Torfbauer trugen den Aufgefundenen zum Hause und der ganze Schmerz des Alten um den Verlorenen brach wieder hervor. Dennoch gewährte es ihm einige Beruhigung, daß er dem schwarzen Grunde entrissen war und nun eine Stätte auf dem Friedhofe finden konnte.

Die alte Haushälterin des Junkers hatte kaum von dem Tode ihres Herrn gehört und die Kunde von dem Auffinden des seit Jahren Vermißten vernommen, so kam sie zum Hause des Torfbauers. Den Todten ließ sie sich zeigen.

„Er' hat ihn nach sich gezogen!" rief sie. „Die, welche im Moore untergehen, finden in ihm keine Ruhe, bis sie gerächt sind. Er selbst liegt nun auf dem schwarzen Grunde, er selbst!"

Vergebens drangen Heinrich und der Torfbauer in sie, um mehr von ihr zu erfahren, denn durch einige Worte hatte sie verrathen, daß sie um Georgs Tod gewußt hatte. Sie schwieg. Die Nachricht von dem entsetzlichen Tode des Junkers schien ihren Geist umnachtet zu haben. Nur unzusammenhängende, wehklagende Worte stieß sie aus und dazwischen lachte sie laut auf. Ihr Geist war zerrüttet.

Jede Hülfe zurückweisend eilte sie zu der alten Moorburg zurück.

„Jetzt gehört die Burg mir — mir!" rief sie. „Haha! Ich bin die Letzte in ihr, denn der Herr Junker ist doch noch vor mir dahingefahren. Sein Zimmer habe ich in Ordnung gebracht, aber aus der lustigen Hochzeit ist nichts geworden! Der Bruder der Liebsten hat ihn nachgezogen — nun wird sein heißes Blut wohl abgekühlt sein!"

Der Torfbauer ahnte, daß der Moorjunker bei dem Tode seines Sohnes betheiligt gewesen sei und sein Groll traf nun selbst noch den Todten, dessen Körper er in dem Moore nicht aufzufinden vermochte. Mit Heinrich söhnte er sich wieder aus und gab ihm jetzt Mariens Hand.

Er zog sogar, als Heinrich die Geliebte noch in dem Herbste desselben Jahres heimführte, mit in dessen Haus, denn das Haus, in welchem er so lange Jahre gelebt hatte, wurde ihm genommen. Ein Verwandter des Moorjunkers, dem dessen Besitzthum zufiel, verpachtete das Ganze an einen Mann, der den Torfstich in neuer und energischer Weise betrieb und durch fremde Arbeiter ausführen ließ, und Hohgrebe hatte nicht Lust, als gewöhnlicher Arbeiter in dessen Dienst zu treten.

Um die alte Moorburg bekümmerte sich Niemand. Ungestört wohnte die geisteskranke Alte in dem halb zerfallenen Haufe. Von Zeit zu Zeit zog fie über die Haide hin zu den einzelnen Gehöften, um fich einige Nahrungsmittel zu erbetteln, dann kehrte fie ſtets zu der unwohnlichen alten Burg zurück.

Schon nach wenigen Monaten wurde fie todt in dem zerfallenen Haufe gefunden.

Die alte Burg ſtand nun ganz unbewohnt da und Regen und Sturm warfen in wenigen Jahren das alte Haus in Trümmer.

Jetzt erblickt der Wanderer, der vorüberſchreitet, nur noch einen wüſten Trümmerhaufen, von Gras und Neſſeln überwuchert, wo einſt die Burg der Raubritter ſtand. Unberührt liegt die Stätte da, denn die Brücke, welche einſt zu ihr führte, iſt zerfallen, und den Moor, der fie rings umgiebt, kann auch heute noch kein menſchlicher Fuß unbeſtraft betreten.

Der Körper des Moorjunkers ruht noch immer auf dem ſchwarzen Grunde. Ob er je aus demſelben empor- gehoben werden wird! Wer weiß es?

In dem kleinen Garten des Bienenzüchters blühen jedes Jahr Goldlack, Rosmarin und Nelken. Auf langem Gerüſte ſtehen die Bienenſtöcke, weit über hundert an der Zahl. Das Haus, der kleine Garten, das Feld daneben verräth Ordnung und Wohlſtand und wer die Geſichter ſeiner Bewohner ſieht, der weiß, daß das Glück dem Haufe ſich nicht abgewandt hat!

Druck von Hüthel & Legler in Leipzig.

Im Verlage von **Paul Kormann** in Leipzig sind folgende Novellen unter dem Titel:

Unterhaltungs-Bibliothek

in elegant illustrirtem Umschlag erschienen:

1. Bändchen: Das Haidemädchen, von Aug. Schrader.
2. „ Waldrast, von Bernd von Guseck.
3. „ Der Moorjunker, von Friedrich Friedrich.
4. „ Bilder aus dem Leben:
Eine Nacht gefangen, von Oskar Welten.
Zu wirthshäuslich, von Fritz Kern.
5. „ Der tolle Mathias, von Marie von Roskowsk.
6. „ Oesterreichische Flugblätter. 1. Portofreie Briefe, von Ign. Schik.
7. „ Oesterreichische Flugblätter. 2. Vermischte Aufsätze, von Ign. Schik.
8. „ Der Dämon des Hofes, von F. Klinck.

(Diese Unterhaltungs-Bibliothek wird fortgesetzt).

Für's Herz der Frauen.

Album-Sprüche aus den poetischen Werken
von **Adolf Böttger**.
112 Seiten auf hellchamois Kupferdruckpapier
mit prachtvollen Initialen.
In Original-Prachteinband. Preis 1 Thaler.

Woher? und Wohin?

Roman von Franziska Gräfin Schwerin.
2 starke Bände. Preis 2 Thlr. 15 Sgr.

In einer Zeit, in der der Kampf zwischen Form und Wesen, zwischen Buchstabe und Geist, zwischen Religion und Kirche so lebendig entbrannt ist, wie in der unseren, erscheint es als eine Aufgabe der Literatur, den Blick des Lesers ebensowohl rückwärts, als vorwärts zu lenken. — Rückwärts — zu jener Zeit und jener Stätte, wo unmittelbar neben der Aussaat der höchsten Liebe auch Haß und Verfolgung Boden fand, und vorwärts — in das Reich der Freiheit, wo der Glaube an die eine allgemeine Kirche sich gründet und auferbaut. Auf dem Wege solchen Rückwärts- und Vorwärtsschauens liegen diese Blätter mit ihrem Woher? und Wohin? und mit ihrer Mahnung Lessings: „Ich habe noch immer die besten Christen unter Denen gefunden, die von der Theologie am wenigsten wußten."

Interessante Unterhaltungslectüre.

Sacher=Masoch,

Die geschiedene Frau.
Passionsgeschichte
eines Idealisten.
2 Bde. Eleg. brosch. 1 Thlr. 20 Sgr.

**Aus dem
Tagebuche eines Weltmannes.**
Causerien aus der Gesellschaft
und der Bühnenwelt.
Eleg. brosch. 1 Thlr.

Statt jeder weiteren Empfehlung lasse ich die Kritik der „Süddeutschen Presse vom 26. Februar 1870" folgen, in der auf die Vorzüge dieser Werke ganz besonders hingewiesen ist: „Die geschiedene Frau." Passionsgeschichte eines Idealisten, ist der Titel eines zweibändigen Romans von Sacher=Masoch, den derselbe Dichtung und Wahrheit überschreibt und mit dem Ausspruche A. Stifter's versieht: „Das Weib erträgt den Himmel nicht." Wie weit Wahrheit und Dichtung in der Poesie sich berühren, geht mehr den Verfasser, den Leser aber nur in so weit an, daß ihm diese Mischung nicht bemerklich werde, sondern daß sich nach dem Goethe'schen Worte, jedes Gedicht sei ein Gelegenheitsgedicht, der thatsächliche Theil innig mit den sittlichen und künstlerischen Zwecken verwebe. Je mehr das wirkliche Leben an Zügen und Zuthaten geliefert hat, desto besser, wenn nur der Dichter verstand, ihm den Charakter des vorgefundenen Fertigen zu benehmen und es nicht als solches in einen Rahmen einzuschieben, sondern wie ein geeignetes Baumaterial gelegentlich zu höherem Zwecke zu verwerthen. Sacher=Masoch hat dies in dem genannten Buche in einer ungewöhnlichen Weise zu erreichen verstanden. Er erzählt, oder vielmehr er läßt mit richtigem Takte eine Frau aus höheren Verhältnissen, da hinten in Galizien oder wo Sie wollen in der civilisirten Welt, selbst ihre Lebensgeschichte erzählen, welche das materielle, conventionelle und geistige Glück eins nach dem andern zerbricht, aus Laune, aus Liebe, aus Eigenliebe, aus Langeweile und dergleichen, um von Stufe zu Stufe zu sinken, bis sie vom Unglück ernüchtert, von den realen Verhältnissen des Lebens gezwungen, sich in einer nützlichen Thätigkeit wieder findet und vor dem Idealen, Idolen und dem Verderben rettet. Die Erzählung ließ an manchen Punkten einen gewissen Grad von Nacktheit nicht vermeiden; aber es ist künstlerische Nacktheit, die jede Lüsternheit ausschließt und durch die gewählte Form eines Selbstbekenntnisses alle Berechtigung gewinnt; empfindsame Seelen werden durch die dialogische Fassung, die an geeigneten

Stellen eintritt, behutsam genug darüber hinweggeleitet, nur werden dieselben zum Schlusse fragen, wo ist die versprochene Moral? Der Verfasser hat nämlich ein Vorwort vorausgeschickt, worin er über die vielen entarteten Ehen unserer Zeit redet und die Ansicht ausspricht, daß der naturgeschichtliche Zweck und das ideale Verhältniß, welche sich in der Ehe vereinigen, einer neuen Grundlage bedürfen: Uebereinstimmung der Gesinnung und der Lebenssphäre, gemeinsamer Beruf und vor allem gemeinsame Arbeit. Um die Wahrheit zu schildern, dürfe er nicht idealistisch vorgeben, sondern müsse er nackt und unverhüllt die Verirrungen zeigen, aber dieses Gemälde solle nicht Zweck, sondern der Wegweiser zur Lösung sein. Daß diese Lösung nicht so ganz gegeben erscheint, ist ein poetisches Verdienst des Verfassers. Aber gegeben ist sie. Freilich nicht dadurch, daß die geschiedene Frau schließlich ihr Gut selbst verwaltet; ihre Wirthschaft sieht schlecht genug aus; allein gerade in dieser Ungenügendheit, welche der zur Besinnung gelangten Frau anhaftet, liegt der übrige Theil der Aufgabe „gemeinsamer Beruf und gemeinsame Arbeit" und wenn der Verfasser die gewöhnliche Romanlösung hier nicht eintreten lassen konnte, weil er persönlich als Erzähler erscheint, sondern dieselbe nur in poetischer Andeutung gab, so entspricht dies dem feinen Gefühle, das in dem ganzen mit seltener stylistischer Vollendung geschriebenen Buche herrscht.

Zur Unterhaltung und Belehrung:

Illustrirte Familienbibliothek.

Mit Beiträgen von
Robert Aßmuß, Bernd v. Guseck, Karl Birnbaum, Adolf Böttger, Louis Büchner, Louise Büchner, Friedr. Friedrich, Carl Hehn, G. Jäger, H. Keferstein, Fritz Kern, Carl von Kessel, Hermann J. Klein, Hermann Klencke, Ernst Krause, William Löbe, Clement Mandelblüh, Karl Müller von Halle, Gebr. Adolf und Karl Müller, Heinrich Pröhle, Eduard Reich, O. Freih. von Reinsberg=Düringsfeld, Karl Ruß, Sacher=Masoch, August Schrader, Friedrich Specht, G. Sundblad, August Vogel, Oscar Welten, Max Wirth, Louis Zapf ꝛc. ꝛc.
2 Bände eleg. broch. à 25 Sgr., eleg. gebunden à 1 Thlr. 5 Sgr.

Jeder Band ist einzeln verkäuflich!

Druck von Hüthel & Legler in Leipzig.

Bilder aus dem Leben.

Eine Nacht gefangen.

Novelle

von

Oskar Welten.

Zu wirthshäuslich.

Erzählung

von

Fritz Kern.

Leipzig.
Verlag von Paul Kormann.
1870.